OCZYSZCZANIE
ENERGETYCZNE

OCZYSZCZANIE ENERGETYCZNE

BARBARA MOORE

PRZEŁOŻYŁA
Ischim Odorowicz-Śliwa

TYTUŁ ORYGINAŁU:
Modern Guide to Energy Clearing

Redaktorka prowadząca: Marta Budnik
Redakcja: Juliusz Poznański
Korekta: Sylwia Paszyna
Opracowanie graficzne okładki: Łukasz Werpachowski
Zdjęcie na okładce: © JurateBuiviene / Shutterstock.com

Wydanie III
Białystok 2022
ISBN 978-83-66134-37-9

Grupa Wydawnictwo Kobiece | **www.WydawnictwoKobiece.pl**

Mojej siostrze
Michelle Palazzolo,
bo o to prosiła

SPIS TREŚCI

Obyś patrzył na siebie jasnym,
uprzejmym i pełnym miłości wzrokiem.
Obyś szedł przez świat ze swobodą, gracją i siłą.

WPROWADZENIE

Kiedy wydawca poprosił mnie o napisanie książki na temat oczyszczania energetycznego, w pierwszej chwili pomyślałam: „Ale to nie jest dziedzina, w której się specjalizuję, nie wiem aż tyle, żeby wystarczyło na książkę". Pierwsza reakcja bywa problematyczna. Czasami to przebłysk intuicji. Zazwyczaj jednak jest skutkiem głęboko zakorzenionych wzorców, które niekoniecznie mają odzwierciedlenie w rzeczywistości. Po uwolnieniu początkowego lęku związanego z nowym wyzwaniem byłam w stanie podjąć przemyślaną decyzję.

Okazuje się, że przez większość dorosłego życia świadomie pracowałam z energią, jeszcze zanim dobrze poznałam różnorodne idee newage'owe. Chociaż historie, którymi się tu z tobą podzielę, mogą nie być pierwszymi próbami rozmyślnej pracy z energią, są pierwszymi, jakie pamiętam. Bez wiedzy o nowoczesnej magii, nie mając z nią żadnego doświadczenia, stworzyłam rytuał, żeby pomóc siostrze sprzedać dom, a potem drugi, żeby wesprzeć męża przyjaciółki w znalezieniu pracy. Podziałały. Oba były proste i opracowane w sposób, który miał dla mnie sens i który wykorzystywał przedmioty znajdujące się w większości domów przedstawicieli klasy średniej mieszkającej na przedmieściach. Na początku moje zrozumienie i praktyka rozwijały się powoli, ale przyspieszyły, kiedy odkryłam materiały New Age. Obecny poziom pojmowania osiągnęłam zaledwie na kilka miesięcy przed otrzymaniem prośby o napisanie niniejszej książki.

W kwietniu 2016 roku wygłosiłam wykład podczas corocznej konferencji tarota o nazwie Readers Studio organizowanej w Nowym Jorku. Jestem ogólnie uznaną ekspertką w tej dziedzinie. Od końca lat osiemdziesiątych XX wieku napisałam wiele książek na temat tych kart, projektowałam talie, dokonywałam odczytów, występowałam na konferencjach na całym świecie i uczyłam innych – osobiście oraz przez Internet podczas rocznego kursu korespondencyjnego.

Dla mnie tarot to coś znacznie więcej niż tylko narzędzie wróżbiarskie. To święty tekst, który zawiera ważniejsze rzeczy niż tylko te umożliwiające wgląd w przyszłość. Odnajduję w kartach mądrość duchową i nauki praktyczne. Tarot stał się pryzmatem, przez który postrzegam świat. Jakie zastosowanie mają karty w pracy energetycznej? Łączą się z nią bezpośrednio. Ale nie martw się, w dalszej części książki już o nim nie wspomnę.

Większość osób, które chcą się nauczyć kart, skupia się niemal całkowicie na ich znaczeniu, które – oczywiście – jest ważne. Ale wielu ludzi ogarnia frustracja, kiedy próbują je odczytać, ponieważ koncentracja na samym znaczeniu powoduje, że w najlepszym przypadku odczytanie jest chaotyczne, a w najgorszym dezorientujące. Widzisz, prawdziwa magia pojawia się w przestrzeni pomiędzy kartami. Każda z nich ma wyjątkową energię. Kiedy po prostu obserwujemy tę energię w oderwaniu od innych, nic wielkiego się nie dzieje. Karty ożywają dopiero wtedy, kiedy wchodzą ze sobą w interakcję. Gdy czyta się je w odniesieniu do pozostałych, łatwiej dostrzec, co faktycznie dzieje się w danej sytuacji.

Po ocenieniu sytuacji możemy wykorzystać karty do ustalenia porady. Robimy to, wprowadzając inne, które symbolizują działania, jakie pytający może podjąć. Analizujemy prawdopodobne skutki i jeżeli nie odpowiadają one pytającemu, sprawdzamy inne karty. Poszukujemy tego rodzaju energii, dzięki której stworzymy pożądany (albo najlepszy możliwy) rezultat. Moją wiedzę na temat pracy z energią w życiu codziennym rozwinęły całe lata zwracania uwagi na to, w jaki sposób energie kart wpływają na siebie. Ale nie tego dotyczyła moja prezentacja w 2016 roku.

Jak na ironię moje dwuipółgodzinne warsztaty nie skupiały się na tym, jak odczytywać karty, nie dzieliłam się również żadną nową techniką. Dotyczyły one natomiast oczyszczania przestrzeni, zarówno wewnętrznej, jak i zewnętrznej, po to, żeby być lepszym człowiekiem, a co za tym idzie – lepszym tarocistą. To dość zabawne, że ten sposób myślenia tak bardzo stał się integralną częścią mojego postrzegania świata i przemierzania go, że nawet nie zdawałam sobie sprawy z tego, iż tak naprawdę rozumiem pracę z energią i mam w tej dziedzinie doświadczenie.

CZEGO OCZEKIWAĆ

Moje zrozumienie ewoluowało powoli, dzięki codziennym doświadczeniom. Nie opanowałam żadnego skomplikowanego systemu ezoterycznego, nie uczyłam się w licencjonowanych szkołach ani od nauczycieli z certyfikatami. Te ścieżki są dobre, jeżeli są twoje i pozostają w harmonii z pieśnią twojego serca. Ale jeżeli czytasz tę książkę, podejrzewam, że jesteś podobny do mnie i wolisz osobiste doświadczenie oraz intymne związki, które biorą się z wnętrza, od przywdziewania cudzych szat.

Niniejsza książka jest dla ciebie, jeżeli poszukujesz jasnego sposobu na zrozumienie energii oraz praktyk pomagających żyć swobodniej i masz nadzieję wprowadzić korzystne zmiany w sobie, swoim najbliższym otoczeniu, a nawet i w tym dalszym. Tak naprawdę to główny cel w opanowaniu sztuki kierowania energią: uwolnienie się od wszystkiego, co odbiera ci wolną wolę i sprawia, że działasz niezgodnie ze swoimi ideałami.

Przedstawione tu koncepcje będą opisane możliwie najbardziej neutralnym językiem, na tyle ogólnym, żebyś mógł dostosować go do swoich przekonań, ponieważ – i to jest naprawdę bardzo ważne – nie promuję konkretnej praktyki, kompletnej samej w sobie, ze szczegółową listą niezbędnych kroków. Przedstawiam natomiast ogólne koncepcje, pomysły i działania, które można mieszać, łączyć i modyfikować tak, żeby odzwierciedlały twoją prawdę. Najmądrzejsi nauczyciele nie wymagają, żebyś zaakceptował ich mądrość, tylko prowadzą cię do progu twojej. Niekoniecznie twierdzę, że jestem mądra, ale naprawdę wierzę, że dobry nauczyciel raczej wskazuje drogę i zachęca, niż dyktuje, co masz robić. Dobrowolnie przedstawiam pomysły opierające się na moim osobistym doświadczeniu i rozumieniu. Nie oczekuję niczego poza tym, że może cię zainspirują. Skoro mnie udało się odnaleźć drogę do osobistego zrozumienia i ustalenia użytecznych oraz skutecznych praktyk, tobie również się to uda. Tak naprawdę nadal odnajduję swoją drogę. Moje działania zmieniają się każdego dnia, w miarę jak uczę się i doświadczam kolejnych rzeczy – i mam nadzieję, że twoje również będą ewoluować.

Moje rozumienie energii i magii wzięło się po prostu z tego, że żyłam najlepiej, jak umiałam. Praca z energią jest pewnego rodzaju magią – zgodnie z twoją wolą tworzącą zmiany w świecie. Dawno temu usłyszałam opowieść na temat działania magii, która wydała mi się zgodna z prawdą, a która odnosi się również do pracy energetycznej. Oto ta opowieść, jak ją zapamiętałam:

> Był sobie raz rolnik, który udał się do mądrej kobiety po radę i magię. Chciał wiedzieć, co robić, żeby jego ziemia przynosiła większe plony. Kobieta dała mu worek piasku i kazała codziennie rano, przez rok i jeden dzień, obchodzić ziemię i co parę metrów rzucać ziarnko piasku. W ciągu pierwszych kilku tygodni rolnik zauważył, że niektóre fragmenty płotu wymagają naprawy, część upraw jest uszkodzona na brzegach pól, chwasty próbują wybić się nad plony. Zaczął więc nosić ze sobą podstawowe narzędzia i materiały, żeby zająć się tym, co akurat tego wymagało. Udało mu się dostrzec, w których miejscach uprawy rosły dobrze, a w których źle. Uprzątnął bałagan po burzach i zasadził drzewa, bo po otwartych przestrzeniach hulał wiatr. Przez cały czas, kiedy zajmował się majątkiem, jednocześnie sumiennie rzucał ziarna piasku. Po roku jego posiadłość utrzymana została w dobrym stanie, uprawy były bujne, a zwierzęta zdrowe.

Czy to były magiczne ziarna piasku? Może tak, może nie. Może prawdziwą magią była uwaga zwracana na to, co dzieje się dookoła.

Co to ma wspólnego z oczyszczaniem energetycznym? Zazwyczaj poszukujemy sposobów na oczyszczenie energii, kiedy czujemy, że coś jest nie tak. Podobna sytuacja ma miejsce, gdy chodzimy do lekarza tylko wtedy, kiedy źle się czujemy. Bez wątpienia istnieją sposoby na poprawienie, oczyszczenie albo usunięcie energii, która jest niewłaściwa, zastała lub po prostu nieodpowiednia. Niektórzy nazywają ją energią negatywną, ale tego typu dualność do mnie nie przemawia, ponieważ cała energia pochodzi od Boskości. Co więcej, przyklejenie energii łatki „pozytywna" albo „negatywna" rozleniwia nas w obserwacji i identyfikacji. Jeżeli natomiast mówimy o „niewłaściwej" energii, zachęca nas to do określenia, w jakim sensie jest ona niewłaściwa i jaka byłaby właściwsza albo bardziej pożądana. Im konkretniejsi jesteśmy, tym skuteczniejsza będzie nasza praca.

Nie tylko zwracam uwagę na naturę energii, ale także mówię zarówno o jej oczyszczaniu, jak i pielęgnowaniu, ponieważ obie te czynności są ze sobą powiązane. Po usunięciu niechcianej energii logiczne będzie wprowadzenie (i pielęgnowanie) energii pożądanej. Kiedy już uporamy się z podstawowymi sprawami, będziemy mogli stworzyć zdrowe przestrzenie w sobie i w swoim otoczeniu. Dzięki odpowiednim energetycznym praktykom zdrowotnym organizujemy przestrzenie, które są odporne na niewłaściwą energię i łatwe w utrzymaniu. Tak jak zębów nie myjemy tylko raz na całe życie, tak i energię duchową najlepiej rozwija się stałymi nawykami, które wspierają zdrowie i witalność. Zasada ta odnosi się nie tylko do naszej energii osobistej, ale również do energii otoczenia.

Kiedy zajmujemy się własną energią, jesteśmy stabilniejsi i zdolni do zajmowania się energią nas otaczającą. Po oczyszczeniu i zabezpieczeniu podstawowego zdrowia możemy pielęgnować energię wewnątrz i dookoła nas, żeby wspierać pewne cechy albo cele, takie jak ochrona, obfitość, życzliwość i twórczość. Zajmujemy się sobą, żeby być silniejsi, wyzwoleni i zdolni do zrealizowania celu naszej duszy na tym świecie. Krótko mówiąc, zajmujemy się własną energią, żeby stworzyć siebie i stać się tym, kim pragniemy być. A jeżeli pragniemy stać się osobami, które chcą troszczyć się o świat i uzdrawiać jego oraz innych ludzi, tym lepiej.

TWOJA PRAKTYKA, A NIE MÓJ SYSTEM

Podejście do zdrowia energetycznego, które tu przedstawiam, nie jest kompletnym systemem, tylko szablonem albo przepisem. Ludzie są tak wyjątkowymi istotami, a sytuacje tak złożone, że nierealistycznie byłoby zakładać, że jakieś jedno podejście będzie właściwe dla wszystkich czy nawet dla większości osób. Nierealistyczne jest również założenie, że wystarczy codziennie robić dokładnie to samo, gdyż każdy dzień przynosi nową energię i nowe wyzwania. Szansę na powodzenie zwiększa podejście elastyczne i lepiej dostosowane do okoliczności. Dzięki temu nie tylko prędzej będziesz realizować praktykę bardziej pasującą do swojego życia, ale też mocniej skupisz się na konkretnych potrzebach, które mogą różnić się każdego dnia.

Zauważysz, że myśliciele, którzy najbardziej wpłynęli na moje założenia dotyczące pracy energetycznej, zajmowali się przeróżnymi tematami i podążali różnymi ścieżkami duchowymi. Mądrość z jednej dziedziny łatwo można odnieść do innej. Kilka dekad temu, kiedy uczyłam się robić na drutach, moje podejście ukształtowała niezrównana Elizabeth Zimmerman. Ta płodna pisarka i poważana nauczycielka rzadko podawała normalne wzory z precyzyjnymi szczegółami dotyczącymi rodzaju i liczby oczek. Uczyła natomiast ogólnych zasad i przedstawiała przykłady na wykorzystanie tych informacji do stworzenia dokładnie tego, do czego się dążyło. Umożliwiała dziewiarzom eksperymentowanie i – co ważniejsze – wiarę we własne możliwości, pisząc: „Celowo moje uwagi są niekonkretne, ponieważ gusty są różne, a wasze mózgi i tak są równie dobre jak mój"*. To prawda. Twój mózg naprawdę jest równie dobry jak mój. Być może przeczytałam więcej lektur na ten temat, dłużej praktykowałam i spędziłam więcej czasu na zgłębianiu ogólnych zasad zdrowia energetycznego, ale w niniejszej książce dzielę się z tobą wszystkim, co wiem. Kiedy już ją przeczytasz, jedyną rzeczą, której – być może – ci zabraknie, będzie doświadczenie. Używając swojego cudownego, doskonałego mózgu, zdrowego rozsądku, a także wiedzy o sobie i życiu, możesz wykorzystać te zasady do osiągnięcia własnych celów. Na podstawie swojego osobistego doświadczenia i informacji zawartych na tych stronach przedstawiam pomysły i sugestie, żebyś mógł rozpocząć podróż ku wyzwoleniu i wykorzystać swój pełen potencjał.

Oczyszczanie oraz pielęgnowanie energii nie jest ani trudne, ani skomplikowane. Nie musisz być związany z żadną tradycją, systemem przekonań czy religią.

---

* Elizabeth Zimmerman, *The Opinionated Knitter*, Schoolhouse Press, Pittsville 2005, s. 31.

Część I wprowadzi podstawowe zrozumienie, przy użyciu jasnego, codziennego języka stworzy wspólne słownictwo, które ułatwi rozmowę o naturze energii. Dokładniej omówi również cel pracy energetycznej. Język i ów cel pomogą nam ustalić realistyczne oczekiwania związane z tym, co będziemy robić i w jaki sposób.

Najważniejszą pracą będzie twoje własne oczyszczanie, o którym piszę w części II. Obejmuje ono stworzenie pakietu technik, z których można korzystać według potrzeb w różnych okolicznościach, usuwając długotrwałe blokady energetyczne i rozwijając praktykę podtrzymywania przepływu energii. Możesz wypróbowywać te techniki zgodnie z przedstawionym opisem oraz pomysłami na ich modyfikacje i notować w dzienniku, które wersje najlepiej się u ciebie sprawdzają. Kiedy już sprawdzisz część technik, wówczas użyjesz prostego, szczegółowego procesu do stworzenia praktyki, która będzie odpowiednia dla ciebie i twojego obecnego życia. Nie będziesz musiał gruntownie go zmieniać ani nabywać żadnych konkretnych przedmiotów. Przedstawione tu pomysły z łatwością wpiszą się w twój rozkład zajęć, okażą się równie naturalne, jak mycie twarzy czy zakładanie butów.

Część III dotyczy szerszego świata. Kiedy już poczujesz się oczyszczony i skupiony, zajmiemy się twoim otoczeniem: dowiesz się wiele o energii przestrzeni i miejsc, nauczysz się wpływać na miejsce pracy, dom, samochód i tak dalej. W końcu przekonasz się, w jaki sposób proste praktyki, drobne działania mogą odmienić świat.

Jak wspomniałam wcześniej, niniejsza książka to przewodnik, a nie spis dogmatów. Najlepiej z niej skorzystasz, jeżeli będziesz czytać ją z dziennikiem (i oczywiście czymś do pisania) pod ręką. Znajdziesz w niej ćwiczenia oraz sugestie list, refleksji i ogólnych wpisów do dziennika. Twoje zapiski oraz ta książka pomogą ci stworzyć własną praktykę energetyczną.

CZĘŚĆ I

DOBROSTAN DUCHOWY I ENERGETYCZNY

Oczyszczanie i pielęgnowanie energii to praktyki, które doskonale sprawdzają się, gdy chcemy, żeby dom, biuro, a nawet samochód dawały nam poczucie bezpieczeństwa i pozytywnie wpływały na nasze samopoczucie. Opisane na tych stronach koncepcje pomogą nam utrzymać fizyczne, psychiczne oraz emocjonalne zdrowie. Właściwe gospodarowanie energią tworzy bardziej zrównoważone i spokojniejsze życie, ale praca z energią to coś o wiele więcej. W rzeczywistości regularne oczyszczanie i pielęgnowanie jej jest konieczne, by zrealizować cel duszy, a to naprawdę pasjonujące.

Cel duszy to koncepcja rewelacyjna, choć niejednokrotnie źle rozumiana. Zbyt często uznajemy, że cel duszy to coś w rodzaju wychwalanego doradcy zawodowego, który powie nam, jaką profesją się zająć, żeby zarobić na życie, jakby nasza dusza zeszła na ziemię po konkretny tytuł zawodowy. To założenie jest zrozumiałe, ponieważ nasza kultura nieustannie wmawia nam, że to wykonywana praca określa, kim jesteśmy. Prawda jest natomiast taka, że nasz tytuł zawodowy może być zaledwie częścią sposobu, w jaki realizujemy cel duszy. Ten cel to przyczyna, dzięki której zajmujemy się tym, czym się zajmujemy i w sposób, w jaki to robimy; a nie sam zawód. Dalej sprawę komplikuje fakt, że cel duszy to nie jest jedno słowo albo zdanie. Nie jest to też nic ustalonego i niezmiennego, to raczej nieustanny taniec pomiędzy nami a Boskością. Każdy krok tego tańca nas zmienia, więc nasz cel duszy – a przynajmniej nasze świadome jego rozumienie – ewoluuje. Im bardziej go realizujemy, tym dokładniej nam się objawia. Oto chyba najprostszy sposób, w jaki potrafię to opisać: cel duszy to zbiór ideałów, które są nam najdroższe, które jesteśmy gotowi osiągnąć za wszelką cenę.

Ale kto z nas w pełni realizuje własne ideały w każdej minucie każdego dnia? Ja na pewno nie. Oznacza to, że cel duszy to coś, co wyrażamy w świecie, a także gwiazda polarna, która prowadzi nas przez mroczne, trudne czasy oraz potwierdza nasze kroki w czasach łatwiejszych. Usłyszałam kiedyś następującą ciekawostkę: przez 90 procent czasu samoloty nie znajdują się na właściwym kursie. Piloci ciągle go korygują i uczą się, że muszą nieustannie dostosowywać się do zmieniających się okoliczności*. Czasami mam wrażenie, że właśnie tak wygląda moje życie, że w zasadzie zmierzam we właściwym kierunku, ale jednocześnie jakby nie. Przekonałam się, że w takich chwilach ważne jest zwracanie uwagi na moją energię oraz energię mnie otaczającą i dzięki temu koryguję kurs. To kolejna korzyść płynąca z dobrego zdrowia energetycznego. Im ono jest lepsze, tym łatwiej zorientować się, że zboczyło się z kursu.

---

* *Airplane Flying Handbook FAA-H80833B*, (Oklahoma City, OK: US Department of Transportation, 2016), 6–2.

Myślenie o pracy z energią, bycie zgodnie z celem duszy i przeżywanie życia jako nieustannej serii korekt kursu okazuje się ulgą. Świadomość, że tak naprawdę chodzi o podróż, że nie mamy donikąd „dotrzeć", zdejmuje z nas presję. Możemy popełniać błędy, co jest zupełnie naturalne. Niosą one ze sobą cenne lekcje, zwłaszcza w pracy energetycznej. Nie da się jej zmierzyć, zważyć ani określić metodą naukową, więc naprawdę trzeba polegać na własnym doświadczeniu. Z tego powodu praca z energią nie wymaga kompletnej zmiany trybu życia.

Prawda jest taka, że przewrócenie życia do góry nogami skutecznie odwróciłoby twoją uwagę od faktycznej pracy polegającej na rozwinięciu zrównoważonej praktyki w życiu już teraz. Na przykład obecnie bardzo popularny jest minimalizm i chociaż rzeczywiście czerpie on z koncepcji pracy energetycznej, niektóre z jego technik są zbyt przytłaczające, żeby większość z nas mogła z łatwością je zastosować. Ja rzadko mam czas na uprzątnięcie szuflady czy szafy, jest więc mało prawdopodobne, że wraz z rodziną miałabym go na zorganizowanie *packing party*. Impreza ta polega na zaproszeniu do domu przyjaciół, żeby pomogli w spakowaniu całego dobytku, nawet rzeczy użytku codziennego, jakby następnego dnia czekała nas wyprowadzka. Następnie sukcesywnie wypakowuje się przedmioty, których akurat się potrzebuje. Po trzech tygodniach wyrzuca się, oddaje albo sprzedaje wszystko, co zostało w pudłach. Dla niektórych ludzi to podejście jest idealne, ale inni mogą poczuć się pokonani, jeszcze zanim zaczną. Natomiast oczyszczanie i pielęgnowanie energii, które ja praktykuję, polega na podejmowaniu jednej dobrej decyzji naraz w ramach bieżących okoliczności.

Żeby podejmować dobre decyzje, poprawnie korygować kurs i żyć zgodnie z celem duszy, trzeba być czystym energetycznie. Pomyśl o swoich ideałach. A w zasadzie: zapisz je. Które przekonania najwięcej dla ciebie znaczą? Kiedy znajdujesz się między młotem a kowadłem, które ideały pomagają ci zdecydować, co robić? Co się dla ciebie liczy? Te rzeczy stanowią istotę celu twojej duszy. Gdy już zrobisz tę listę, przeanalizuj ostatnie dwadzieścia cztery godziny. W jaki sposób twoje zachowanie, działania, słowa, uczucia i myśli odzwierciedlały wyznawane przez ciebie ideały? A które ich nie odzwierciedlały? Jeżeli jesteś do mnie podobny, niektóre rzeczy naprawdę wyrażają wyznawane przez ciebie wartości, a inne nie.

Joshua Fields Millburn (jeden z minimalistów) często powtarza w swoich podcastach, że jeżeli pokaże mu się swój budżet i grafik, będzie w stanie określić nasze wartości*. Te wypowiedzi mają trochę prowokacyjny charakter, ponieważ w przypadku większości z nas budżet i grafik nie odzwierciedlają prawdziwych wartości, ale raczej to, co wydaje nam się warte cenienia. Zatem stwierdzenie to ma na celu sprowokowanie nas do poważnego rozważenia, na co wydajemy pieniądze

---

* Joshua Fields Millburn, *Minimalist Podcast*, http://www.theminimalists.com/podcast/.

i jak spędzamy czas. Skoro jesteśmy istotami ludzkimi z wolną wolą i zdolnością do podejmowania świadomych decyzji, dlaczego postanawiamy gospodarować czasem i pieniędzmi oraz zachowywać się w sposób, który oddziela nas od naszych wartości, zamiast je ucieleśniać? Oto jest pytanie. Tak naprawdę to może być pytanie najważniejsze: „Dlaczego zachowuję się w sposób, który jest niezgodny z moimi przekonaniami i ideałami?".

Jedna z odpowiedzi to: „Cóż, jestem tylko człowiekiem". Owszem, ale to jednocześnie wymówka. Nikt nie lubi roztrząsać swoich potknięć, chyba że chce się nimi przez chwilę samobiczować. A jednak te momenty – te błędy albo porażki – to drogowskazy kierujące nas ku problemom energetycznym, które wymagają uwagi. Żeby w życiu codziennym postępować zgodnie z celem duszy, zgodnie z wyznawanymi wartościami, musimy pozostawać wolni od energetycznej dysharmonii. W tym celu musimy zidentyfikować miejsca, w których odchodzimy od naszych wartości przewodnich, dojść do tego, co spowodowało tę rozbieżność, i się z tym uporać. Wtedy łatwiej nam będzie korygować kurs i stawać się osobą, którą naprawdę chcemy być. Alternatywą jest utrata kontroli, reagowanie na życie zamiast świadomego i sensownego współpracowania z nim.

Następne dwa rozdziały dadzą nam podwaliny umożliwiające zagłębienie się w temat oczyszczania energetycznego. Najpierw ustalimy spójne słownictwo. Później omówimy podstawy zdrowia energetycznego.

W duchowym i energetycznym zdrowiu oraz dobrym samopoczuciu chodzi o coś znacznie więcej niż tylko pomachanie tlącą się wiązką szałwii czy włączenie lampy solnej (chociaż te rzeczy są naprawdę użyteczne). Chodzi w nim o świadomość, co się ceni, oraz o pozostawanie wolnym, żeby móc wcielać te wartości w życie w sposób piękny i wyjątkowy dla nas. Masz w sobie wspaniałe lekarstwo, którego potrzebuje świat. Weź więc tę szałwię w dłoń i zabierzmy się do pracy, żebyś mógł wyrażać cel duszy, wspierać inne cudowne dusze i uzdrawiać świat.

Rozdział 1

TERMINOLOGIA

Na początku podróży do świata oczyszczania i pielęgnowania energii pomocne będzie podstawowe zrozumienie głównych terminów, które pojawią się podczas omawiania duchowego i energetycznego dobrostanu. Zagłębimy się tutaj w znaczenie pojęć „energia", „wibracja", „ruch" i innych. Ale zanim zanurzymy się w konkrety, cofnijmy się i spójrzmy na szerszy obraz. Do tematu, który jest trudny do zdefiniowania w jakimkolwiek stopniu mierzalnej pewności, najlepiej podchodzić z szerszą perspektywą.

Joseph Campbell studiował pojawiające się na przestrzeni wieków mity różnych kultur. Zauważył powtarzające się wzorce postaci i fabuł, które różniły się szczegółami, ale mimo dzielących je czasu i kilometrów miały wiele cech wspólnych. Jakby twórcze wynurzenia ludzkiej duszy doznawały i potrzebowały podobnych przełomów. Na podobnej zasadzie większość z nas zna koncepcję archetypów: powszechnych podświadomych założeń, symboli i wzorców myśli, które mają wspólne źródło, ale szczegóły ich wyrazu mogą różnić się pomiędzy osobami. Skupianie się na konkretnych szczegółach stanowiących różnicę zamiast na wspólnym szerszym obrazie – niezależnie od tego, czy mówimy o micie czy religii, archetypach czy symbolach – prędzej tworzy podziały i kłótnie, niż wspomaga zrozumienie. Dostrzeganie szerszych wzorców tworzy bardziej inkluzywną postawę, która ułatwia dyskusję, ponieważ skupiamy się na wspólnych obszarach, zamiast kłócić się o semantykę.

Omawianie energii metafizycznej może stanowić nie lada wyzwanie, ponieważ brakuje nam sposobów na jej dokładne zmierzenie, oddzielenie i zidentyfikowanie, za to często kształtujemy jej rozumienie na podstawie przekonań i doświadczeń osobistych. Ludzi zainteresowanych pracą energetyczną jest mnóstwo, są oni związani z różnymi tradycjami duchowymi, religijnymi i intelektualnymi (bądź kombinacjami tychże) albo nie identyfikują się z żadną ustaloną ścieżką. Ponieważ każda osoba, droga albo tradycja posługuje się własnym słownictwem służącym rozumieniu i omawianiu energii, jak właśnie Joseph Campbell i jego monomity czy Carl Jung i jego archetypy, przyjrzymy się różnorakim słowom, żeby znaleźć wspólną płaszczyznę.

Informacje i koncepcje zawarte w niniejszej książce nie opierają się na żadnej tradycji czy praktyce. Jednak używanie choćby częściowo inkluzywnej listy konkretnych słów za każdym razem, kiedy wspominamy o jakimś koncepcie, prędko stałoby się uciążliwe. Żeby więc ułatwić sobie pisanie (a tobie lekturę!), wykorzystam słownictwo, które ma szerokie znaczenie, jest zrozumiałe, zadowalające i (mam szczerą nadzieję) nieobraźliwe. Jeżeli używasz innego słowa, które oznacza to samo, po prostu podstawiaj je w myślach podczas czytania.

Wyjaśnimy pięć terminów. Ich omówienia będą dłuższe niż zwyczajowe pozycje w glosariuszach, ponieważ ważne jest, żebyśmy od początku mieli jasność, o czym mowa. Najpierw zdefiniujemy pojęcie *energii*. Terminy *wibracja* oraz *ruch* zgłębią dwie jej cechy charakterystyczne. Energia bowiem istnieje wszędzie, lecz aby zacząć, musimy skupić się na sobie, więc dokonamy szybkiego przeglądu naszego *ciała energetycznego*. Wreszcie omówimy cel pracy energetycznej: *harmonię energetyczną*.

ENERGIA

W niniejszej książce poznajemy energię metafizyczną, czasami określaną słowami: chi, prana, duch albo esencja. Niektóre rodzaje energii w naszym świecie fizycznym są widzialne albo mierzalne metodą naukową, ale nie o nich mowa w przypadku energii metafizycznej. Ona jest niewidoczna, niemierzalna ani niedająca się określić środkami znanymi nauce Zachodu. Nie oznacza to, że nie jest rzeczywista. Nasze doświadczenie jasno mówi nam, że istnieje.

Większości z nas zdarzyło się wejść do pomieszczenia albo poznać kogoś i od razu wyczuć, że coś jest atrakcyjne i przyjemne albo odpychające bądź jeszcze gorsze. Czasem mówimy, że jakieś miejsce ma złą atmosferę albo ktoś ma dobrą aurę. Czyjaś obecność może nas uspokajać, jakieś miejsce albo sytuacja mogą działać nam na nerwy. Jeżeli kiedykolwiek doświadczyłeś czegoś podobnego, masz świadomość istnienia energii metafizycznej. Możliwe, że zauważasz ją wyłącznie wtedy, gdy jest ekstremalna, i jest to całkiem naturalna reakcja. Dzięki praktyce, doświadczeniu i intencji można wyćwiczyć umiejętność identyfikowania energii i gospodarowania nią.

Chociaż czasami mówimy, że coś ma negatywną energię albo złą aurę, energia nie jest dobra ani zła, pozytywna ani negatywna. Może być nieodpowiednia albo zastała, przez co możemy ją odczuwać jako złą albo negatywną. To bardzo ważne, ponieważ pogląd, że wszędzie są złe wibracje albo że możemy paść ofiarą negatywnej energii, tworzy środowisko pełne lęku. Ten z kolei sprawia, że zamykamy się w sobie, prowadzi do stagnacji, albo że wybuchamy, co oznacza nieprawidłowe użycie energii. Obie reakcje zasilają niezdrowy cykl.

Nasza kultura wspiera ten pogląd, więc kiedy napotykamy zastałą albo nieodpowiednią energię, staramy się od niej oddzielić albo ją zniszczyć. Na dłuższą metę żadna z tych metod nie działa, chociaż obie mogą zapewnić nam chwilowe poczucie ulgi albo bezpieczeństwa.

Nie możemy odseparować się od tego, co uważamy za negatywną energię, ponieważ wszystko, co istnieje, tak naprawdę jest połączone, a my wszyscy jesteśmy jednością. Kiedy zrozumiemy zagadnienia oczyszczania i pielęgnowania energii, nauczymy się przemieniać tę, która jest zastała albo nieodpowiednia.

Określanie energii mianem negatywnej ma jeszcze jedną wadę. To ocena pochodząca z umysłu i – jak większość takich (które są czym innym niż rozpoznanie) – jest oznaką lenistwa. Przeciwieństwem oceniania z poziomu umysłu jest ciekawość umysłowa. Kiedy jesteśmy czegoś ciekawi, na przykład „negatywnej" energii, chcemy przyjrzeć się danej sytuacji bliżej. Uczymy się określać, identyfikować i rozumieć, co się dzieje, żeby móc podejmować korzystne kroki i przywracać harmonię, zamiast zamykać się w sobie albo wybuchać.

Niezależnie od tego, czy świadomie pracujemy z energią czy nie, nieustannie ona przez nas przepływa. Jeżeli się nią nie zajmujemy, jej prądy uderzają w nas, a my spędzamy czas na reagowaniu na nie. Niczym ludzie, którym brakuje dyscypliny w gospodarowaniu czasem i wiecznie pracują w trybie „gaszenia pożarów": mogą być produktywni, ale często są zestresowani i niekoniecznie wykonują pracę najlepiej, jak by mogli. Kiedy celowo pracujemy z energią, mamy więcej kontroli nie tylko nad sobą, ale również nad energią, której pozwalamy wrócić do świata. Możemy przyjąć tę, która jest zastała albo nieodpowiednia, i wysłać ją z powrotem do ziemi, gdzie zostanie oczyszczona albo przesłana do właściwej sytuacji; możemy również przekształcić ją w sobie i uwolnić do własnego życia i świata.

WIBRACJE

Kiedy mówimy, że coś albo ktoś ma złe wibracje, nasze doświadczenie ponownie podpowiada nam, że energia wibruje z pewną częstotliwością. Kiedy wibracja jakiejś energii jest nieharmonijna ze względu na stagnację, mówimy, że jest zła. Wibracja energii może być nieharmonijna, ale nie oznacza to, że sama energia jest zła, tylko że trzeba się nią zająć. Dzięki działaniom, a nawet samym myślom, możemy zmienić wibracje jakiejś energii, przywrócić jej harmonię.

Może być tak, że energia ma wyższe albo niższe wibracje, niż powinna. Niższe nie zawsze są złe, w rzeczywistości są związane z najgłębszymi, najbardziej uziemiającymi energiami ziemi, które bywają najodpowiedniejszą energią w danej sytuacji. Wyższe wibracje nie zawsze są dobre. Te, które są zbyt wysokie dla danej sytuacji, mogą wywoływać niepokój i stres. Żeby odpowiednio kierować energią, niezbędne jest subtelne zrozumienie niuansów – nie wszystko jest zawsze albo czarne, albo białe.

RUCH

Jednym z najłatwiejszych do zidentyfikowania typów energii jest energia zastała, prawdopodobnie dlatego, że jest powszechna, a także bardzo niekomfortowa. Energia ma płynąć, jednak uczy się nas myślenia w kategoriach zdobywania, zbierania, gromadzenia i oszczędzania zasobów fizycznych (takich jak pieniądze, pożywienie i dobytek). Mimo że to odnosi się do doświadczenia fizycznego, staje się częścią naszego rozumienia energii.

Niektóre tradycje głoszą doktrynę zwaną zasadą korespondencji, którą często wyraża się stwierdzeniem: „jak na górze, tak na dole; jak na dole, tak na górze". Oznacza ona, że kiedy coś zachodzi na jednym planie istnienia, dzieje się też na innym. Na przykład trauma emocjonalna (plan emocjonalny) może wywołać chorobę (plan fizyczny). Kiedy praktykujemy zdobywanie i gromadzenie w świecie fizycznym, pielęgnujemy tę samą energię w naszym ciele energetycznym, a w ten sposób tworzymy i przyciągamy energię zastałą.

Przyjemne jest to, że uwolnienie zastałej energii jest łatwe, a często też daje nam mnóstwo frajdy i satysfakcji, poza najbardziej ekstremalnymi okolicznościami. Kiedy już przywykniesz do życia w stanie płynącej energii, już nigdy nie zechcesz powrócić do stagnacji.

Dobre zdrowie energetyczne nie jest jednak czarno-białe. Chociaż energia płynąca jest zdrowa, nie oznacza to, że energia chaotyczna, nieopanowana i rozproszona jest lepsza. Jeżeli nie mamy dobrego wyczucia swojego centrum ani silnego, uziemionego połączenia z nim, jesteśmy wytrącani z równowagi przez każdą energię, która napłynie w naszą stronę. Reagujemy automatycznie zamiast świadomie.

Nasza kultura pielęgnuje ideał stagnacji poprzez zdobywanie dóbr, a jednocześnie wspiera w nas tendencję do braku uziemienia. Ta koncepcja może się wydać niepopularna, ale technologia, która na tyle sposobów polepszyła nam życie (komuż nie podoba się fakt, że może nosić całą kolekcję muzyki albo audiobooków w kieszeni?), pozbawiła nas również wrażenia uziemienia, skupienia i celowości. Za każdym razem, kiedy nasz telefon wibruje, błyska albo śpiewa, odciąga uwagę od naszego centrum. Jesteśmy ponaglani do reagowania automatycznego zamiast świadomego, a taki stan bytu odbiera nam wolną wolę.

CIAŁO ENERGETYCZNE

Wszyscy mamy ciało fizyczne i (mam nadzieję) rozumiemy, czym ono jest, w jaki sposób działa i jak się nim opiekować. Wszyscy mamy również ciało energetyczne, czasami nazywane aurycznym, subtelnym albo eterycznym. Niektóre tradycje wyróżniają poszczególne warstwy ciała energetycznego i używają złożonych diagramów, żeby pokazać, w jaki sposób te warstwy działają. Być może zechcesz zgłębić te niuanse w miarę rozwijania własnego zrozumienia.

Koncepcje przedstawione w niniejszej książce zapewnią ci podstawy, na których będziesz mógł się oprzeć, jeżeli zainteresują cię te bardziej skomplikowane systemy. Jednakże stworzenie i utrzymanie zdrowego ciała energetycznego nie wymaga ich znajomości.

Możemy wykorzystać proste podejście, które jest wystarczające samo w sobie, albo użyć go jako odskoczni do innych metod. W wielu modelach ciało energetyczne jest oddzielone od fizycznego i rozciąga się na kilka centymetrów albo nawet metrów od niego. Mimo że możemy wyczuć ciało energetyczne poza fizycznym, ja nie oddzielam ani energetycznego, ani duchowego od fizycznego. Niezależnie od tego, czy znany ci model oddziela je czy nie, nie powinno to wpłynąć na użyteczność przedstawionych tu koncepcji.

Skupimy się na najbardziej podstawowych aspektach energii – najłatwiej rozpoznawalnych i najczęściej uznawanych częściach: mentalnej i emocjonalnej, a także na obszarze granicznym, który można porównać do skóry ciała energetycznego. Chociaż omówimy te różne części, ważne jest, żeby nie utknąć na poszczególnych nazwach i ich funkcjach. Uwielbiamy oddzielać i nazywać różne rzeczy, ponieważ kiedy znamy jakąś nazwę, mamy wrażenie, że mamy nad tą rzeczą kontrolę, a przynajmniej ją rozumiemy.

Nasza kultura chętnie wszystko nazywa, klasyfikuje i dzieli na mniejsze jednostki, co zdecydowanie stanowi użyteczną praktykę dla niektórych sposobów rozumienia świata. Pewną wadą tego podejścia jest jednak to, że wspiera ono mit o oddzieleniu. Mit ten (przez niektórych nazywany „kłamstwem oddzielenia") mówi nam, że jesteśmy oddzieleni od wszystkiego, co istnieje – że jesteśmy oddzieleni od siebie nawzajem oraz że różne części nas samych również są oddzielone.

Kiedy myślimy w kategoriach umysłu albo serca, kusi nas, żeby zawyżać wartość jednego z nich, a zaniżać drugiego. Nasza kultura zwykle przecenia logikę, natomiast bagatelizuje intuicję. Dla tych z nas, którzy porzucili kulturę głównego nurtu na rzecz innych sposobów rozumienia świata, naturalne jest przecenianie intuicji kosztem racjonalnego myślenia. Oba te podejścia odsuwają zasadnicze aspekty człowieczeństwa w cień, a kiedy coś znajduje się w cieniu, wyraża się tak, jak potrafi, co niejednokrotnie okazuje się mieć destrukcyjne skutki.

Aktualnym przykładem tego procesu jest słowo roku 2016 wybrane przez Oxford Dictionaries: *post-truth*, czyli postprawda. Termin ten określa kulturę, w której debata polityczna skupia się na reakcjach emocjonalnych, a nie polityce i faktach. Jak dobrze wiemy, przez kilkaset lat nasza kultura bagatelizowała emocjonalną i intuicyjną stronę ludzkiego rozumienia na rzecz podejścia racjonalnego. Odsuwa to intuicyjny oraz emocjonalny aspekt natury ludzkiej w cień. Wszystko, co jest odpychane w cień, staje się wynaturzone, rozgoryczone i rozżalone, tak jak każdy, kto zostałby wciśnięty w mroczny kąt i obrzucony obelgami. Zatem o ile rozważanie różnych spraw z intuicyjnego albo emocjonalnego punktu widzenia niekoniecznie jest złe, staje się bardzo problematyczne, kiedy nasze zbiorowe życie emocjonalne uległo wynaturzeniu. Obecne społeczeństwo postprawdy reaguje na podstawie zranionych, a nie zdrowych emocji… i to widać, niezależnie od tego, po której stronie podziału się stoi. Ważne jest, żeby zrozumieć, w jaki sposób wszystkie części współpracują ze sobą, żeby cała jaźń była zdrowsza i silniejsza i żeby nic nie kryło się w cieniu, tylko czekając, aż będzie mogło dać nam popalić.

Nasze ciała energetyczne przypominają fizyczne w tym sensie, że mają granicę. Tak jak skóra – granica ciała fizycznego, tak granica ciała energetycznego jest przenikalna. Możemy kontrolować stopień tej przepuszczalności, żeby przyjmować wyłącznie taką energię, jakiej pragniemy. W dodatku nasze ciało energetyczne jest lepkie, więc energii łatwo do nas przylgnąć. Zrozumienie gospodarowania nią pomaga nam uświadomić sobie wszelkie jej typy, które nas otaczają, dzięki czemu unikniemy zanieczyszczenia energią niekorzystną dla naszej równowagi i harmonii.

HARMONIA ENERGETYCZNA

Harmonia energetyczna to cel oczyszczania i pielęgnowania energii. Niektórzy ludzie (łącznie ze mną) rozumieją ją jako bycie uziemionym i scentrowanym. Jednak *harmonia energetyczna* to precyzyjne pojęcie, ponieważ mocniej sugeruje także odpowiedniość i elastyczność niż samo uziemienie i scentrowanie, które tak naprawdę są tylko jednym z aspektów harmonii energetycznej. Sugeruje nam ona szeroką gamę możliwości, z których każda może być odpowiednia w zależności od okoliczności. Pełne zrozumienie bycia uziemionym i scentrowanym również obejmuje odpowiedniość. Natomiast dla wielu osób bycie uziemionym łączy się z poczuciem ciężkości.

Innym terminem, którego ludzie używają w znaczeniu harmonii energetycznej, jest równowaga. W swoim najprawdziwszym znaczeniu równowaga również jest świetnym słowem określającym tę koncepcję. Jednak, zupełnie jak w przypadku bycia uziemionym i scentrowanym, powszechne znaczenie nie trafia w sedno. Wiele osób uważa, że równowaga oznacza po prostu łączenie równych części rozmaitych rzeczy – na przykład dążą do tego, żeby w życiu tyle samo wypoczywać, co pracować. Takich precyzyjnych wyliczeń nie da się odnieść do natury i ludzkiego życia. W przyrodzie istnieją pory odpowiednie na konkretne czynności. W życiu czasami musimy pracować więcej niż odpoczywać, chociażby gdy przygotowujemy się do dużego wydarzenia albo uczymy się do egzaminów końcowych. Kiedy indziej znowuż musimy więcej odpoczywać niż pracować, na przykład zdrowiejąc po chorobie albo opłakując utratę przyjaciela. Zrozumienie zdrowej równowagi poprawia się wraz z doświadczeniem i zwracaniem na nią uwagi.

Harmonia energetyczna nie jest stanem stałym, lecz nieustannie się zmienia, dopasowuje się w miarę potrzeb do różnic pojawiających się w energii otoczenia, do naszych intencji albo wymagań. Różnica pomiędzy reakcją automatyczną a świadomą to jedna z najważniejszych rzeczy, które trzeba zrozumieć, więc raz po raz będziemy do niej wracać. Znajdowanie się w stanie harmonii energetycznej oznacza, że możemy świadomie oraz w sposób spokojny i przemyślany reagować na otaczający nas świat, swoje wewnętrzne potrzeby, innych ludzi i sytuacje. Potrafimy rozważyć daną kwestię i podjąć świadome decyzje. Przeciwieństwem tego są automatyczne reakcje na świat, na każdą myśl i emocję, która przez nas przepływa, na działania i słowa innych. Takie zachowanie to odruch. Coś się wydarza, a my natychmiast odpowiadamy jakimś odruchem. Zamiast faktycznie decydować, co zrobimy, jesteśmy kontrolowani.

Obecnie wiele mówi się o wyzwalaczach. Na nie właśnie reagujemy automatycznie, a nie świadomie. Doświadczyliśmy czegoś, co wywołało traumę, w efekcie teraz mamy utrwaloną reakcję na pewne sytuacje. Oznacza to, że w tym obszarze życia nie mamy już wolnej woli i nie jesteśmy w stanie podejmować świadomych decyzji. Niektóre wyzwalacze są naprawdę silne i naprawdę traumatyczne, a poradzenie sobie z nimi wymaga profesjonalnej pomocy. Jeżeli doświadczyłeś czegoś podobnego, to zachęcam cię (proszę!) do poszukania odpowiedniego wsparcia. Jeżeli jednak twoje wyzwalacze mają bardziej powszechną naturę, z całą pewnością możesz nauczyć się sobie z nimi radzić. Rany nie muszą cię dłużej kontrolować. Nie musisz wciąż na nowo cierpieć z powodu przeszłego wydarzenia. Możesz zyskać możliwość świadomego reagowania na świat, na siebie i innych za pośrednictwem przemyślanych decyzji.

Skoro mamy już wspólny język i definicje energii, wibracji, ruchu, ciała energetycznego oraz harmonii energetycznej, możemy zająć się tymi koncepcjami dokładniej. Możliwe, że ktoś ci kiedyś powiedział, iż nie jesteś centrum wszechświata. To czasami może być prawda, ale w tej chwili akurat właśnie tym jesteś i jeżeli twoje centrum nie jest zdrowe, najprawdopodobniej twoje otoczenie również takie nie jest. Dopóki nie osiągniesz harmonii wewnętrznej, wysiłki, które wkładasz w wywołanie zmiany w swoim środowisku, będą osłabione. Zaprowadźmy więc w tobie harmonię!

Rozdział 2

PODSTAWY ZDROWIA ENERGETYCZNEGO

Większość ludzi zaczyna szukać informacji na temat oczyszczania energetycznego, kiedy coś już jest nie tak i chcą to naprawić. To oczywiście możliwe, chociaż jeżeli znajdujesz się w kryzysie energetycznym i nie jesteś w stanie zająć się własną energią przez brak czasu, silną dysharmonię albo znaczne wyczerpanie, najlepszym wyjściem może okazać się skorzystanie z pomocy wyszkolonego bioenergoterapeuty, który rozwiąże bieżący problem. Wiele osób traktuje problemy zdrowotne, takie jak zawał, jako pobudkę, zatem ty wykorzystaj to doświadczenie jako motywację do zajęcia się własnym zdrowiem energetycznym. Dzięki temu uda ci się poradzić sobie z kryzysem lepiej, kiedy jakiś się pojawi. Możesz nawet odkryć, że nieustanne i umiejętne pielęgnowanie energii w twoim otoczeniu zapobiegnie większości sytuacji kryzysowych.

Zanim przejdziemy do bardziej szczegółowych wyjaśnień na temat osobistego zdrowia energetycznego, zanurzmy się powolutku w nowych informacjach i przywyknijmy do niektórych pojęć. Będziemy opierać się na tych omówionych w poprzednim rozdziale. Nasze ciało energetyczne jest analogiczne do fizycznego, więc w wyjaśnieniu abstrakcyjnych koncepcji powinny pomóc liczne porównania. Poznamy wagę profilaktyki, główne elementy harmonii energetycznej oraz wspólne powiązania wszechrzeczy.

PROFILAKTYKA CIAŁA ENERGETYCZNEGO

Pomyślne oczyszczanie i skuteczna pielęgnacja energii są znacznie łatwiejsze, kiedy znajdujemy się w stanie harmonii energetycznej. Czasami ludzie udają się do bioenergoterapeuty i uważają, że ta jedna sesja wystarczy i teraz już mają zharmonizowaną energię – prawdopodobnie tak jest, ale tylko na jakiś czas. Jednak zdrowie energetyczne, tak jak fizyczne, wymaga nieustannej uwagi. Może się wydawać, że *higiena* to dziwne słowo w odniesieniu do energii metafizycznej, ale nie powinno tak być. W rzeczywistości dbanie o ciało energetyczne tak jak o fizyczne wydaje się całkiem logiczne, istnieje bowiem między nimi wiele podobieństw. Właściwa higiena energetyczna jest równie ważna, jak mycie zębów i czyszczenie przestrzeni międzyzębowych nicią dentystyczną, odpowiednia ilość ruchu i snu oraz spożywanie odżywczych i zdrowych posiłków. Między dbaniem o zdrowie fizyczne i energetyczne istnieją interesujące podobieństwa. Na przykład mycie zębów usuwa drobiny materii, które dosłownie zalegają pomiędzy zębami i dziąsłami. Tak jak energia, drobiny te nie są złe same z siebie, ale jeżeli chcemy mieć zdrową jamę ustną, powinniśmy się ich pozbyć, ponieważ przestrzenie międzyzębowe nie są dla nich odpowiednim miejscem.

Higiena nie jest jedynym aspektem regularnego utrzymania zdrowia energetycznego. Ćwiczenia fizyczne i sen to związane ze sobą, choć przeciwne stany ciała. Oba zapewniają korzyści wykraczające poza fizyczność. Sen i gimnastyka są niezbędne nie tylko, aby zachować zdrowie fizyczne, ale również mentalne i emocjonalne. Technicznie rzecz biorąc, niektóre typy ćwiczeń zużywają energię (na przykład aerobik), a inne ją uzupełniają (jak qigong). Są takie chwile, w których wydatkujemy energię, kierujemy ją na zewnątrz, są też takie, w których ograniczamy ją, oszczędzamy. Składniki odżywcze dają ciału to, czego potrzebuje ono do zastępowania starych komórek i do funkcjonowania. Rodzaj tych składników wpływa na ogólne zdrowie ciała – krótko- i długofalowo. Jest to podobne do pielęgnowania energii: decydujemy o takim jej rodzaju, którym pragniemy odżywiać ciało energetyczne.

Im więcej uczymy się na temat wymagań naszego ciała energetycznego, tym łatwiej nam zrozumieć, czego potrzebujemy, a co musimy usunąć. Każdy powinien poznać wymagania swojego ciała energetycznego, ponieważ – tak jak w przypadku ciała fizycznego – niektóre z naszych potrzeb są podobne, a inne odmienne. Niektórzy potrzebują więcej snu od innych. Jedni nie czują się dobrze z nadmiarem wysokich wibracji, drudzy czują się dzięki niemu pełni życia. Większość z nas ma kilka głęboko zakorzenionych nawyków energetycznych, które nam nie służą i które mogą w rzeczywistości powiększać rozdźwięk pomiędzy naszym zachowaniem a wyznawanymi wartościami. Nieustanna dbałość o zdrowie energetyczne stanowi ważną podstawę wszelkiej innej pracy energetycznej, jaką chce się wykonywać, tak jak piloci muszą ciągle korygować kurs samolotu.

GŁÓWNE ELEMENTY HARMONII ENERGETYCZNEJ

Oczyszczanie, wydatkowanie i odżywianie energii to trzy główne obszary harmonii energetycznej. Oczyszczanie to usuwanie energii, która nam nie służy. Może to być ta, która sprawia, że źle się czujemy, albo która wspiera zachowania uniemożliwiające nam życie zgodne z naszymi ideałami. Wydatkowanie dotyczy energii, którą wyrażamy, przejawiamy albo wysyłamy do świata. Odżywianie energetyczne, tak jak fizyczne, to energia, którą pobieramy świadomie bądź nie. Żaden z tych elementów nie jest ważniejszy od pozostałych, współpracują one ze sobą w tworzeniu zdrowej całości, która jest czymś więcej niż tylko sumą części. Kiedy ta współpraca się układa, jest bardziej prawdopodobne, że zareagujemy na otaczający nas świat, swoje myśli i uczucia oraz na innych ludzi świadomie, ze spokojem, rozmysłem i w zgodzie z wyznawanymi wartościami. Będziemy kontrolować swoją wolę oraz podejmować decyzje, których pragniemy, a nie dawać się manipulować nieopanowanej, niezrównoważonej energii.

Kiedy energia nie jest czysta, to tak, jakby znajdowało się w niej coś, czego tam być nie powinno. Ponownie wykorzystajmy ciało fizyczne jako metaforę: powiedzmy, że boli nas ząb. W miejscu, w którym nie powinno jej być, rozwinęła się infekcja, która wywołuje ból fizyczny. Kiedy czujemy ból, trudno jest nam zachować w postępowaniu uziemienie i scentrowanie. Ciało może się uzdrowić, podejmując kroki mające na celu usunięcie infekcji, a wtedy łatwiej nam będzie reagować świadomie zamiast automatycznie. Podobnie w przypadku blokady emocjonalnej albo fiksacji mentalnej znajdujemy się w stanie nierównowagi energetycznej. Nauczysz się identyfikować i usuwać te blokady energetyczne, żeby łatwiej ci było żyć tak, jak chcesz.

Kiedy wyczerpiemy energię fizyczną i się nie wyśpimy, okoliczności również będą nas łatwo kontrolować. Możemy reagować z rozdrażnieniem, a nawet złością na sytuacje, które w ogóle nie przeszkadzają nam, kiedy jesteśmy wyspani. Podobnie, jeżeli wyczerpiemy energię metafizyczną i jej nie uzupełnimy, będziemy mieć nad sobą mniej kontroli. Na przykład życie w sytuacji, w której czujemy się zagrożeni i wiecznie musimy się pilnować, jest wycieńczające. Jeśli nie mamy praktyk wypełniających ciało energetyczne odżywczą energią, nie będziemy w stanie zachowywać się tak, jakbyśmy chcieli, czy wykorzystywać w pełni swojego potencjału.

I w końcu, jeżeli nie pobierzemy właściwej energii, możemy źle się poczuć, tak jak wtedy, gdy pominiemy owoce, warzywa, białko i błonnik w diecie, a rzucimy się na pizzę i lody. To jak w tej opowieści: chłopiec mówi dziadkowi, że w jego wnętrzu walczą ze sobą dwa wilki i on nie wie, który zwycięży. Dziadek odpowiada, że zwycięży ten wilk, którego chłopiec będzie karmić. Mamy różne rodzaje energii. Który będzie dominować? Odpowiedź zależy od tego, który będziemy zasilać. Świadomość, jakiego rodzaju energii się potrzebuje i w jaki sposób go pielęgnować, to ważna część pracy energetycznej.

WSZYSTKO JEST ZE SOBĄ POŁĄCZONE

Oprócz oczyszczania, zabezpieczania i pielęgnowania energii musimy zajmować się również następującymi stanami każdego aspektu ciała energetycznego: mentalnym, emocjonalnym i granicznym. Chociaż ważne jest zbadanie ich osobno, należy koniecznie pamiętać, że nie istnieją one w izolacji, lecz współpracują ze sobą, są od siebie zależne i wspierają się wzajemnie. Kiedy jeden obszar jest niezrównoważony, cierpią na tym wszystkie.

Mentalne ciało energetyczne przyjmuje energię w postaci pomysłów i myśli. Jeżeli zebrało nieodpowiednią energię, może ona przesłonić nam prawdę czy rzeczywistość jakiejś sytuacji. Czy kiedykolwiek miałeś wrażenie, że jakaś myśl utknęła ci w głowie i nie możesz się jej pozbyć? Mnie się to zdarzyło. Ważne, żeby szybko uporać się z takimi myślami, ponieważ mogą stać się większym problemem. Takie obsesyjne myśli tkwiące w ciele mentalnym mogą przerodzić się w myślokształty. Są to koncepcje, które rozrosły się tak bardzo, że żyją własnym życiem.

Nie jesteś swoimi myślami. Masz myśli i możesz je przyjąć albo odrzuć wedle uznania, nie jesteś zobowiązany do pielęgnowania każdej myśli, jaka pojawi ci się w głowie. W tradycji chrześcijańskiej księża pytają podczas spowiedzi, czy ludzie „żywili" złe myśli. Koncepcja żywienia myśli w dzieciństwie zawsze wydawała mi się zabawna, ale teraz wiem, jak ważne jest jej zrozumienie. Jeżeli jakaś myśl do ciebie przychodzi, możesz ją odprawić albo ją przyjąć, wygodnie usadzić i przynieść mleko oraz ciasteczka. Jeśli pozwolisz jej zbyt długo zostać, przywiąże się do ciebie.

Myślokształty to już nie są po prostu myśli, które mogą przemknąć przez twój umysł, tylko byty, które zagnieździły się w twoim ciele mentalnym. Kontrolują je i wpływają na nie w sposób, który pozbawia cię wolnej woli i powoduje, że reagujesz automatycznie zamiast świadomie. Pamiętasz, jak mówiłam, że energia nie jest ani dobra, ani zła, tylko niewłaściwa albo zastała? Możemy więc zacząć się zastanawiać, czy myślokształty nie są złe. To trudniejsze pytanie, ponieważ myślokształt to coś więcej niż tylko energia, to raczej byt, który tworzymy w ciele mentalnym przy użyciu energii, zwykle nieświadomie. Wykorzystywana do jego stworzenia energia nie jest dobra ani zła, ale sposób, w jaki go ukształtowaliśmy i rola, jaką odgrywa teraz w naszym życiu, często nie jest zdrowa i nie wspiera harmonii energetycznej.

Żeby przekonać się, w jaki sposób współpracują ze sobą (albo nie) aspekty energetyczne, przyjrzyjmy się następującemu przykładowi. Powiedzmy, że masz myślokształt twierdzący, że jeżeli pozwalasz sobie na relaks, kiedy twój partner pracuje albo wykonuje prace domowe, to znaczy, że jesteś leniwym obibokiem, który do niczego się nie nadaje, a twój partner z pewnością ostro cię ocenia. Pewnego wieczoru chcesz rozsiąść się w wygodnym fotelu i poczytać, ale twój partner chce zrobić porządek w szafie. Nie prosi cię o pomoc i nie ma nic przeciwko temu, żebyś poczytał, ale ten myślokształt wrzeszczy ci w głowie. W efekcie jesteś zbyt zdenerwowany i zawstydzony, żeby się zrelaksować, przyjmujesz też pozycję obronną, więc postanawiasz pójść „pomóc" partnerowi – ale zabierasz ze sobą tę defensywną energię pełną złości i wstydu, zatem spędzony wspólnie czas prawdopodobnie skończy się tym, że partner zastanowi się, jaki masz problem, będziecie na siebie warczeć, a może nawet się pokłócicie.

Twoje ciało emocjonalne wie, że partner cię kocha i nigdy nie pomyślałby o tobie tych okropności, ale jest zaniedbane, pozbawione energii, która została przekierowana do zasilania tego niezaspokojonego myślokształtu. W dodatku myślokształt powoduje rozdarcie czy pęknięcie granicy ciała energetycznego, przez co trudniej ci kontrolować, co do niego wpływa i co z niego wypływa. Nie wybierasz już z wolnej woli, jakiego rodzaju energia wnika do twojego ciała, tylko jesteś przymusowo karmiony tym, którego twój myślokształt potrzebuje do wzrostu.

Wszystko jest ze sobą połączone. Może się wydawać, że ta praktyka będzie bardzo czaso- i pracochłonna. Ale nie martw się. Na początku rzeczywiście trzeba zainwestować więcej czasu, ale po ustabilizowaniu ciała energetycznego będziesz wyczuwać, kiedy twoja równowaga ulegnie choć odrobinę zakłóceniu i łatwo się z tym uporasz. W końcu mycie zębów czy samodzielne badanie piersi co miesiąc ani nie jest trudne, ani nie wymaga wiele czasu. Drobne codzienne albo comiesięczne praktyki łatwo i skutecznie utrzymują harmonię energetyczną oraz zdrowie fizyczne. Mogą nawet uratować ci życie, co okazuje się niezłą rekompensatą za tak niewielką inwestycję.

MIKROKOSMOS I MAKROKOSMOS

Mówiliśmy głównie o zdrowiu energetycznym i harmonii w kategoriach energii osobistej. Rozumiemy wagę pielęgnacji profilaktycznej, którą można rozwinąć dzięki prostym, codziennym nawykom. Wiemy, że dzięki oczyszczaniu energii, kontroli jej wydatkowania oraz jej odżywianiu możemy stać się stabilni energetycznie. Zobaczyliśmy, że kiedy jeden aspekt naszego *ja* nie działa poprawnie, nie jesteśmy w stanie działać jak zdrowa istota. Przy okazji dowiedzieliśmy się też, czym są myślokształty – ten niefortunny skutek złej higieny energetycznej.

Pamiętasz zasadę korespondencji? Jak na górze, tak na dole; jak na dole, tak na górze. Wszystkie te koncepcje odnoszą się również do harmonii energetycznej miejsc i przestrzeni. Kiedy już zaopiekujesz się sobą, będziesz w stanie wykorzystać te koncepcje do pielęgnacji energii cię otaczających, a może nawet od niesienia pomocy innym ludziom. Teraz, gdy tak samo rozumiemy główne terminy i ogólne zasady pracy z energią, w następnej części książki zajmiemy się konkretami doskonałego gospodarowania energią, więc przygotuj się do działania.

CZĘŚĆ II

PIELĘGNACJA OSOBISTA

Zanim przejdziesz dalej, sprawdź, czy masz pod ręką dziennik albo zeszyt. W miarę wypróbowywania technik opisanych w tej części dokładnie wszystko notuj, żeby później wiedzieć, co w twoim przypadku działa, a co nie. W międzyczasie będę podsuwać pytania i ćwiczenia, które pomogą ci rozwinąć własną praktykę energetyczną. Nawiązują one do siebie, ukazując ci to, co powinieneś wiedzieć, żeby stworzyć w życiu harmonię energetyczną.

DLACZEGO TO TAKIE WAŻNE

Doskonała pielęgnacja osobista niesie ze sobą wiele korzyści. Skupimy się na dwóch. Jedna to wewnętrzna pewność siebie i zdolność wyrażania celu duszy. Druga to zdolność brania odpowiedzialności za tworzenie świata i rzeczywistości, w której żyjemy. W tym fragmencie rozwiniemy techniki gospodarowania energią i zagłębimy się w oczyszczanie swojej energii.

Nam, ludziom, tak trudno odnaleźć równowagę w dbaniu o samych siebie. Oczywiście, zdarzają się chwile, kiedy okoliczności wymagają od nas tymczasowego ograniczenia zajmowania się sobą na rzecz zażegnania kryzysu czy przygotowania do ważnego wydarzenia. Jednak jeśli przyjrzymy się swoim codziennym, zwykłym nawykom, prawdopodobnie okaże się, że większość z nas przeskakuje od zaniedbania siebie do pobłażania sobie i z powrotem. Czyli nie zachowujemy konsekwencji w zaspokajaniu swoich fizycznych i energetycznych potrzeb. Ignorujemy natomiast potrzebę spożywania zdrowych pokarmów, zażywania odpowiedniej ilości ruchu i wysypiania się, nie mówiąc już o mniej namacalnych potrzebach ciała energetycznego w chwilach nasilonego stresu. A kiedy ten stres przemija, kryzys przestaje grozić albo wydarzenie dobiega końca, pobłażamy sobie i koimy nerwy (niektórzy mogą powiedzieć, że leczymy się na własną rękę) czynnościami, które poprawiają nam samopoczucie (na jakimś poziomie), ale nie uzupełniają naszych rezerw tymi składnikami odżywczymi, których najmocniej pragną nasze ciało i dusza.

Łatwo dostrzec, jak wpadamy w to koło. Nasza kultura zdecydowanie nie jest stworzona do wspierania zrównoważonych, zdrowych praktyk. Można odnieść wrażenie, że surowo się o niej wypowiadam w tej książce, i z całą pewnością jest z nią trochę problemów, ale świat, w którym żyjemy, jest również pełen rzeczy wspaniałych i pozytywnych, więc poświęćmy chwilę na wyrażenie za nie wdzięczności. Wylewanie dziecka z kąpielą nikomu nie pomoże. Jednak mimo tych dobrych rzeczy, z których czerpiemy przyjemność, wszyscy potrafimy dostrzec takie aspekty naszej kultury, które utrudniają nam dobre samopoczucie. Zachęca się nas do wielbienia bożka wiecznego zapracowania, a osoba, która okazuje się najbardziej zajęta, urasta rangą do najwyższego kapłana. Nie ma potrzeby zagłębiać się w problemy wynikające ze zbytniego zapracowania, wszyscy osobiście doświadczamy ich konsekwencji i czytamy artykuły na ten temat. Wiemy, że zapracowanie oznacza brak czasu i energii na dbanie o siebie. Jednocześnie jesteśmy popychani w przeciwnym kierunku, kiedy mówi się nam, że w ramach nagrody za całą tę ciężką pracę zasługujemy na przyjemność, na dogodzenie sobie, na coś, co ukoi nerwy i zapewni relaks poprzez bezmyślną rozrywkę.

Nasza kultura nie wspiera fizycznej ani energetycznej harmonii, a nam nie uda się tego zmienić z dnia na dzień. Chociaż możemy śnić o idealnej kulturze, która ułatwia zdrowsze życie, musimy podejmować działania i decyzje w ramach rzeczywistości. Narzekanie na to, jak trudno jest znaleźć pięć minut na oczyszczenie umysłu albo na idiotów piszących SMS-y podczas jazdy, nie pomaga (a wręcz przeciwnie, wzmacnia tę rzeczywistość). Możemy natomiast postawić swoje zdrowie na pierwszym miejscu i robić to, co utrzymuje nas w harmonii pomimo problemów pojawiających się w życiu codziennym. W ten sposób odkryjemy, że niezależnie od kultury, przynajmniej nasze życie może zacząć wspierać harmonię energetyczną.

Czy zauważyłeś, że kiedy myślisz, że powinieneś chcieć coś zrobić albo w jakiś sposób się zachować, bardzo łatwo znaleźć powody, dla których nie możesz tak postąpić? Z jednej strony, kiedy naprawdę czegoś pragniemy, nic nie może stanąć nam na przeszkodzie i znajdziemy osiągalne rozwiązanie dla każdego potencjalnego problemu. W moim przypadku najtrudniejszym krokiem jest zdecydowanie, że chcę czegoś wystarczająco mocno, żeby postawić to na pierwszym miejscu. Jeżeli mi się to uda, mogę osiągnąć niemal wszystko, i jestem pewna, że tak samo jest z tobą. Niestety ten mechanizm – to coś wewnątrz nas, co przełącza nas z trybu myślenia, że powinniśmy czegoś chcieć, na faktyczne chcenie tego – pozostaje dla mnie tajemnicą. Życie byłoby o wiele łatwiejsze, gdybyśmy mogli go po prostu aktywować. Ale ponieważ nie możemy, czy to znaczy, że pozostajemy na łasce tych niedających się kontrolować przełączników? Bynajmniej. Chociaż może to być bardziej czasochłonne, jesteśmy w stanie robić małe kroki ku tej zmianie. Jak tamten dziadek powiedział wnuczkowi – wszystko zależy od tego, którego wilka się karmi.

Dlaczego tak ważne jest dbanie o siebie nie tylko na poziomie fizycznym, ale i energetycznym? Powodów jest pewnie wiele, ale omówmy dwa naprawdę znaczące. Po pierwsze, jeżeli nie zajmujemy się zdrowiem energetycznym, to zapewne nie znamy swojego energetycznego centrum, swojej prawdy oraz swoich granic. Bez tej wiedzy trudniej decydować, jakie działania podjąć, co powiedzieć, a czego nie dopuszczać do swojego życia.

Po prostu nie można być najlepszą wersją siebie, żyć zgodnie z wyznawanymi wartościami ani wyrażać celu duszy w świecie z jakąkolwiek świadomą kontrolą, dopóki nie odnajdzie się swojego centrum i nie zacznie kierować energią. Zakładając, że interesujesz się pracą z energią, żeby zmienić coś na świecie – na przykład oczyścić problematyczną energię w domu – zasadniczo pragniesz poruszyć energię. Tę zewnętrzną można przemieścić z jakąkolwiek precyzją i skutecznością, tylko mając solidne podstawy, kiedy to łatwiej jest wyczuć głębokie połączenie ze źródłem energii, która tworzy wszechświat i jest jego częścią, oraz kiedy dostrzega się wyznawane zasady i wartości i się je wyraża. Wszystko to – podstawy, połączenie i jasność – pozwala na wyrażanie i kontrolowanie energii z pewnością siebie.

Drugi powód, dla którego należy cenić dbanie o siebie, wykracza poza nasze życie i dotyczy rzeczywistości wspólnej. Hebrajska opowieść o stworzeniu mówi, że Bóg nigdy nie skończył tworzyć świata. Zrobił to celowo, po czym zachęcił ludzi do uczestniczenia w nieustannym rozwoju wszechświata. Koncepcja ta stanowi również część prawa przyciągania, które uczy, że wraz z wszechświatem współtworzymy rzeczywistość. Tradycja szamańska utrzymuje, że wszystkie stworzenia (nie tylko szamani) są odpowiedzialne za nieustanne tworzenie świata. Nawet nauka ma podobne koncepcje, jak rozszerzający się wszechświat, względność i wpływ obserwatora na wynik pomiaru.

Jesteśmy odpowiedzialni za samych siebie. Odpowiadamy również za świat, w którym żyjemy, pomogliśmy go stworzyć swoimi działaniami na planie fizycznym oraz pracą z energią (świadomą albo nie). Dopóki nie znajdziemy się w stanie harmonii energetycznej i nie nauczymy się iść przez życie, nieustannie korygując kurs, nasz udział w tworzeniu rzeczywistości nie będzie miał oparcia w naszej wolnej i świadomej woli. Jako że nie będziemy tworzyć uważnie, więc albo będziemy wspierać rzeczywistość, którą uważamy za niezdrową z natury, albo będziemy wspierać dążenie ku chaosowi.

Dbanie o siebie jako istotę fizyczną i duchową wywiera wpływ nie tylko na ciebie, ale i na wszystko, co istnieje. To ważna praca. Jesteś tego warty. Wszyscy jesteśmy tego warci.

Notatki

Nadeszła pora na sięgnięcie po dziennik i refleksję nad kilkoma pytaniami oraz koncepcjami. Przemyślenia te mogą okazać się niezbyt przyjemne, ale są niezbędne. Zaczynamy otwierać te obszary swojej jaźni, które skorzystają na pracy energetycznej. Oznacza to, że będziemy identyfikować obszary problematyczne. Praca ta jest bardzo osobista. Nikt nigdy nie musi czytać tego, co napiszesz w swoim dzienniku. Bądź ze sobą szczery.

1. Jakie wyznajesz teraz wartości w twoim obecnym ich rozumieniu?
2. Spisz codzienny rozkład zajęć.
3. Rozpisz swój miesięczny budżet.
4. W jaki sposób pozycje z punktów 2 i 3 odzwierciedlają te z punktu 1?
5. Jakie wartości mógłby przypisać ci ktoś inny, patrząc na odpowiedzi, których udzieliłeś do punktów 2 i 3?
6. Które części naszej kultury czy społeczeństwa cenisz? W jaki sposób wspierasz te aspekty?
7. Które części naszej kultury czy społeczeństwa chciałbyś zmienić? W jaki sposób twoje działania pomagają w tej zmianie? W jaki sposób twoje działania wspierają *status quo*?

Rozdział 3

TECHNIKI OCZYSZCZANIA ENERGII

Świat fizyczny jest doskonałą metaforą dla świata metafizycznego, zwłaszcza jeśli ma się w pamięci zasadę korespondencji: jak na górze, tak na dole. Żeby zrozumieć koncepcje oczyszczania, kontrolowania i pielęgnacji, możemy przyjrzeć się dowolnej liczbie bytów fizycznych – ogrodowi, szafie, całemu domowi, firmie, ciału. Jako że energia (zarówno fizyczna, jak i metafizyczna) powinna płynąć, pozostaje w nieustannym ruchu – chyba że zostanie zahamowana. Świat fizyczny ma określoną strukturę i jeżeli chcemy, żeby zachowała ona zdrowie oraz dobry stan, musimy się nią zajmować. Natura rzeczy (materii, energii, układów) jest taka, że bez uwagi i troski zmieniają one swój stan z uporządkowanego w chaotyczny. W naszej uporządkowanej szafie zapanuje bałagan, jeśli nie będziemy zawsze odkładać wszystkiego na właściwe miejsce. Ogród pełen sadzonek da lepsze zbiory, jeżeli nie pozwolimy zakraść się do niego chwastom. Firma z jasną wizją i rozsądną misją straci pewność działania, jeżeli zacznie realizować inne ideały i wartości. Każdy z tych procesów – oczyszczanie, kontrolowanie i pielęgnowanie – odgrywa ważną rolę w utrzymaniu harmonii. Procesy te są zasadnicze, lecz nie są trudne.

W następnych dwóch rozdziałach przyjrzymy się ogólnym zasadom oczyszczania, kontrolowania i pielęgnowania. Chociaż są bardzo ważne, ich prostota jest odświeżająca. W rozdziale 5 zobaczymy, jak odnieść te koncepcje do ciała energetycznego. Pomysły te to sugestie oparte na doświadczeniu i nauce. Pracując z energią, stworzyłam szablon, który może cię prowadzić, pozwalając wypełnić luki pomysłami, które z tobą współbrzmią albo pobudzają twoją twórczość i prowadzą do nowych rozwiązań. Pracuj z energią na własnym poziomie rozumienia.

Wierzę, że energia jest częścią Boskości. Nie chce cię oszukać ani podstawić ci nogi za pośrednictwem jakiegoś rytualistycznego kruczka. Przepływem energii rządzą pewne podstawowe zasady i kiedy już je zrozumiesz, nie obawiaj się słuchać intuicji, twórczych impulsów i zdrowego rozsądku. Wszyscy składamy się z energii i mamy całkowitą zdolność zrozumienia jej oraz pracy z nią. W tym i następnym rozdziale będziesz mógł wypróbować w trakcie lektury kilka technik. Dzięki temu zaczniesz poznawać odczucia towarzyszące zajmowaniu się własną energią. Uznaj ten czas za próbkę. Zacznij od małych rzeczy. Nie powinieneś brać pod uwagę ogromnego celu czy próbować oczyszczać coś, co jest duże i skomplikowane. Dzięki temu zmniejszysz presję i będziesz mógł skupić się na samej praktyce i swoich odczuciach. Rozdziały 5, 6 i 7 zabiorą cię na głębsze poziomy tej pracy. Rozdział 8 pomoże ci poskładać to wszystko w indywidualną praktykę.

OCZYSZCZANIE

Czy kiedykolwiek próbowałeś założyć ogród bez przygotowania ziemi albo ułożyć ubrania w przepełnionej szafie bez uprzedniego ich wyjęcia? Obie czynności da się wykonać, jednak włożona w to praca będzie cięższa niż to konieczne, w dodatku okaże się mniej efektywna. Uprzątnięcie kamieni i korzeni z ogrodu, usunięcie gliny albo piasku ułatwi zasadzenie roślin bądź posianie nasion w równych rządkach i zrobi miejsce dla żyznej ziemi. Opróżnienie szafy umożliwia zobaczenie wszystkiego, co w niej jest, a to z kolei ułatwia zadecydowanie, co zostawić, przenieść albo wyrzucić. Poza tym, kiedy widzisz pustą szafę, możesz najlepiej wykorzystać dostępne w niej miejsce. Te fizyczne przykłady stanowią trafne metafory oczyszczania energetycznego.

Zastosowanie tych koncepcji do ciała energetycznego nie jest trudne. Czasami mówimy, że potrzebujemy przerwy albo spaceru, żeby oczyścić umysł. Jeżeli kiedykolwiek czułeś się w ten sposób, to zauważyłeś, że twoje ciało energetyczne było wypełnione myślami, które musiałeś uporządkować. Spacer pomaga uziemić wzburzoną energię. Kiedy już się ją oczyści, łatwiej dostrzec poszczególne myśli. Spacerując, prawdopodobnie przeanalizowałeś różne pomysły, niektóre odrzuciłeś, a innym przyjrzałeś się bliżej. Rozpoznałeś, które zatrzymać, a które odpuścić.

Właśnie na tym polega oczyszczanie ciała energetycznego. Świadomie analizuje się to, co jest w nas obecne. Wtedy dzięki wolnej woli można zdecydować, co zatrzymać i pielęgnować, a co uwolnić. Większość z nas ma złogi energetyczne odkładające się przez całe życie, podobne do płytki na zębach czy w tętnicach. Nasze ciała energetyczne przypominają domy zbieraczy, są tak przepełnione, że trudno się po nich poruszać, a stagnacja jest codziennością. Dlatego na początku tej pracy oczyszczanie wymaga więcej wysiłku i czasu. Energii, którą trzeba uporządkować, jest mnóstwo.

Oczyszczanie energetyczne to nie jest coś, co robi się tylko raz. Jako że nikt nie uczy nas odpowiedniego gospodarowania energią, w codziennym życiu jesteśmy bombardowani tą należącą do innych ludzi, mającą postać myśli albo emocji. Gdybyśmy widzieli całą tę kipiącą energię, która nie jest kierowana, tylko miotana we wszystkie strony, zapewne czulibyśmy się tak, jakbyśmy szli przez dziwną metafizyczną zupę. Ciało energetyczne jest lepkie i różne rzeczy przyklejają się do niego. Jeżeli nie zachowujemy higieny energetycznej, przypadkowa energia innych ludzi przyczepia się do nas, a my nawet nie zdajemy sobie z tego sprawy. Następnie wywiera na nas wpływ, może nawet nas zmienia, w sposób, którego nie jesteśmy świadomi i którego nie wybraliśmy.

Częstotliwość oczyszczania energii będzie zależna od osoby. Niesamowicie wrażliwi ludzie albo ci, którzy nie wzmocnili swoich granic, mogą potrzebować codziennej praktyki. Osobom o mocniejszych granicach albo takim, którym w kierowaniu energią pomagają okoliczności (na przykład mieszkającym w pojedynkę albo pracującym z domu), może wystarczyć praktyka cotygodniowa czy nawet comiesięczna. Niezależnie od tego, na jaką częstotliwość się zdecydujesz, w razie potrzeby możesz wykonać oczyszczanie nieplanowane, na przykład po doświadczeniu wyjątkowego napięcia energetycznego albo szczególnie emocjonalnej sytuacji.

Istnieje naprawdę wiele sposobów na oczyszczenie energii. Obiektywnie rzecz biorąc, żaden z nich nie jest lepszy od pozostałych, natomiast najlepsze są te, które działają w przypadku konkretnej osoby. Najważniejsze czynniki, które powinieneś wziąć pod uwagę przy wyborze metody oczyszczania, to: czy współgra ona z twoim systemem przekonań i czy będziesz wykonywać ją regularnie. Technika pochodząca z kultury całkowicie odmiennej od twojej może nie być odpowiednia, ponieważ nie będzie pasować do twojego rozumienia świata. Jeżeli jest zbyt skomplikowana albo czasochłonna bądź wymaga nabycia trudnych do znalezienia i drogich przedmiotów, raczej nie będziesz wykonywać jej regularnie.

Istnieją na przykład receptury kąpieli rytualnych, które można wykorzystać do oczyszczenia. Niektóre wymagają dodatku olejków, kryształów i soli, a także wykorzystania świec. Jeżeli nie masz ustalonej relacji z energią (niektórzy powiedzieliby „duchem") tych olejków czy kryształów, nie interesujesz się nimi, a nawet nie lubisz kąpieli, to taka praktyka z całą pewnością nie będzie dla ciebie najlepszym wyborem. Jeśli jednak uwielbiasz się kąpać i masz bogatą kolekcję olejków i kryształów, z którymi już pracowałeś, technika ta będzie dla ciebie idealna.

Może się w dodatku okazać, że wybierasz konkretne techniki oczyszczające w zależności od tego, co oczyszczasz. Możesz na przykład zauważyć, że najlepiej działa oczyszczająca czynność fizyczna, taka jak taniec albo spacer, kiedy masz przeładowane ciało mentalne, ale w przypadku chaosu w ciele emocjonalnym bardziej pomocna jest medytacja.

Przyjrzyjmy się dokładniej możliwym technikom oczyszczającym. Mają one formę szablonów, żeby łatwo było ci uzupełnić luki w sposób mający sens dla ciebie. Podsunę ci różne opcje i sugestie, ale pamiętaj, że to nie jest sztywny system. Nie musisz wypełniać żadnych konkretnych poleceń. Jeżeli podczas lektury poczujesz inspirację do stworzenia własnej techniki – jeszcze lepiej. Twoje ciało energetyczne jest równie indywidualne i wyjątkowe, jak to fizyczne. To ty decydujesz, co jest dla niego najlepsze, ponieważ w ostatecznym rozrachunku tylko ty jesteś za nie odpowiedzialny.

PRAKTYKI OCZYSZCZAJĄCE

Praktyką czy techniką oczyszczania energii może być dowolna czynność, która pozwala na uwolnienie niechcianej energii. Techniki te tworzą przestrzeń zarówno w ciele fizycznym, jak i energetycznym, i z tego powodu dobrze jest wykonać po nich praktyki pielęgnujące energię, żeby mieć kontrolę nad tym, co wypełni stworzoną właśnie przestrzeń. Niektóre techniki oczyszczające mocniej skupiają się na rozbiciu zastałej energii, więc zdecydowanie powinny być połączone z inną czynnością, która uwolni tę poruszoną blokadę – będą one oznaczone i będą im towarzyszyć sugestie połączeń. Podobnie część technik, zwłaszcza tych związanych z żywiołem ziemi, skupia się na zebraniu chaotycznej energii, którą można dzięki temu skuteczniej usunąć.

Wszystkich tych technik można używać w formie zmienionej bądź tu podanej do oczyszczania przedmiotów i przestrzeni, co opiszę w części III. Tak jak w przypadku każdej pracy metafizycznej, równie ważna jak samo działanie jest intencja. Podczas pracy energetycznej trzeba być skupionym i nie błądzić myślami gdzie indziej. Kontrolować to, co się robi. Równie ważne jak intencja jest robienie wyłącznie tego, co ma dla ciebie sens i sprawia wrażenie właściwego. Bieganie jest świetnym ćwiczeniem, chyba że masz problemy z kolanami, wtedy lepszą alternatywą będzie pływanie. Podobnie palenie szałwii to świetny sposób na oczyszczenie siebie albo przestrzeni, ale jeżeli masz uczulenie na dym, rozważ techniki oparte na ruchu albo wodzie. Niebagatelną częścią pracy energetycznej jest bycie odpowiedzialnym za zrozumienie siebie, swojego ciała energetycznego i swoich potrzeb. Eksperymentuj, zwracaj uwagę na skutki i opracuj techniki idealne dla siebie.

Czytając poniższe opisy, rób notatki w dzienniku na temat tych, które chciałbyś wypróbować, albo zaznaczaj je bezpośrednio w książce. Ważna jest również świadomość, co nie działa, spisuj więc i te rzeczy, które nie wydają się do ciebie pasować. Nawet te początkowe przemyślenia i decyzje pomogą ci w stworzeniu własnej praktyki. Zachęcam cię do wypróbowania każdej techniki, chyba że istnieje jakieś przeciwskazanie. Im więcej podejmiesz prób, tym więcej się nauczysz.

1. Ruch

Ruch to świetny (i łatwy) sposób na poruszenie energii albo rozbicie energii zastałej. Może on być subtelny albo dynamiczny. Omówimy oba. Pozycja góry i yin joga to łagodniejsze formy ruchu, odpowiednie do oczyszczenia energii, która wibruje ze zbyt wysoką częstotliwością, żeby ci odpowiadać. Taniec i spacer mogą być albo powolne, albo dynamiczne, zatem łatwo dopasować je do swoich potrzeb. Przyjrzymy się staniu, spacerowaniu, tańczeniu i yin jodze jako praktykom oczyszczającym.

POZYCJA GÓRY: Jogiczna pozycja góry w pierwszej chwili może wydawać się bezruchem. Jednak jej przyjęcie i utrzymanie wymaga subtelnego ruchu, który okazuje się ważny. To nie jest tak, że po prostu sobie stoisz: stoisz z intencją. Ustaw stopy mniej więcej na szerokość bioder. Przez chwilę kołysz się z palców na pięty i z powrotem, z jednej krawędzi stóp na drugą, a w końcu przenieś ciężar ciała na sam środek podeszew. Gdybyś robił na podłożu odcisk stopy, cała powinna być równo i idealnie odciśnięta. Napnij mięśnie nóg tak, żeby rzepki kolan uniosły się, a kości ud skierowały do tyłu. Wyprostuj kręgosłup, zwiększając odległość pomiędzy żebrami i talią tak, żeby płuca miały więcej miejsca na wdychane powietrze. Unieś barki do uszu, po czym przesuń je do tyłu, a następnie w dół. Upewnij się, że uszy, ramiona, biodra i kostki stóp znajdują się w jednej linii. Trzymaj brodę prosto i unieś tylną część szczytu głowy, tworząc przestrzeń w górnym odcinku kręgosłupa. Zrób głęboki wdech i pozwól, żeby wypełnił ciało mentalne. Wypuść oddech, a wraz z nim przez podeszwy stóp do ziemi uwolnij energię. Powtórz tyle razy, ile potrzebujesz, żeby poczuć się oczyszczony.

SPACER: Tak prosta czynność, jak spacer, również jest cudowną praktyką, jeżeli wykonujemy ją z intencją. W moim przypadku spacerowanie okazuje się wyjątkowo skuteczne, kiedy mam zablokowane ciało mentalne. Wrażenie „przegrzania zwojów mózgowych" może dotknąć nas po długim czasie pisania, planowania, słuchania zawiłego wykładu, uczenia się, czytania czy nawet ożywionej rozmowy. Zacznij od przyjęcia pozycji góry i wykonania w niej kilku oddechów, jednocześnie skupiając się na intencji, następnie zacznij iść, utrzymując prawidłową postawę, którą przyjąłeś w pozycji góry. Z każdym krokiem czuj, jak energia, na której rozbiciu się skupiasz, rozluźnia się i zaczyna płynąć w kierunku stóp. Kiedy dotykasz nimi podłoża, uwalniaj tę energię do wnętrza ziemi. Spaceruj tak długo, aż poczujesz się oczyszczony.

Przez cały czas spaceru postaraj się utrzymać silną, prostą postawę. Zwracaj również uwagę na to, co robi twoje ciało, kiedy chodzisz. Nasze ciało fizyczne to głębokie źródło wiedzy, które może przekazać nam mnóstwo informacji na temat ciała energetycznego. Czy garbisz ramiona, jakby twoje ciało próbowało chronić ośrodek serca? Czy pochylasz się w talii, blokując obszar sakralny? Skieruj świadomość na te obszary i sprawdź, czy jakaś inna energia nie wymaga pracy albo uwagi.

Jako że spacer tak dobrze rusza napiętą albo zastałą energię, lubię łączyć go z prostą techniką pielęgnacyjną. Moją ulubioną jest powtarzanie mantry – na głos albo w myślach. Wybieram taką, która przyciąga ten rodzaj energii albo myśl, która zastąpi uwolnione myśli. Na przykład, jeżeli moją harmonię energetyczną zakłóciło to, że zepsuł mi się samochód, a jego naprawa będzie kosztowna, mogłabym pójść na spacer, żeby oczyścić niepokój, i powtarzać sobie jedno z moich ulubionych powiedzeń, które pochodzi od czternastowiecznej mistyczki i teolożki Julianny z Norwich: „Wszystko będzie dobrze i ujrzysz sama, że wszystko każdego rodzaju będzie dobrze"*. Poza tym spacer mający oczyścić niepokój wynikający z wydatków na samochód ma w sobie poetycką ironię i jestem pewna, że w jakiś sposób wspiera ona harmonię energetyczną.

TANIEC: Taniec w naturalny sposób porusza energię. Istnieje wiele jego odmian, a także mnóstwo powodów, dla których się tańczy, oraz miejsc, gdzie się to robi. Taniec na przyjęciu albo w klubie może stanowić część praktyki energetycznej – wiem, że z całą pewnością był dla mnie katartyczny, gdy byłam młodsza. Czasami trudno jednak wygospodarować czas na clubbing akurat wtedy, gdy tego potrzebujemy, i nie dla każdego tego rodzaju miejsce będzie zachęcające. Sama tańczyłam w klubach, na przyjęciach, ślubach, podczas rytuałów, ceremonii, wykorzystując ustalone kroki konkretnego tańca albo zatracając się w muzyce. Uważam, że każdy taniec może stanowić część praktyki energetycznej.

Mnie najlepszy taniec energetyczny udaje się wtedy, gdy jestem sama. Nie trzeba przejmować się niczym innym (ubraniem, innymi ludźmi, czy moi znajomi dobrze się bawią itd.). Po prostu wybiera się

---

* Juliana z Norwich, *Objawienia Bożej miłości*, tłum. A. Gomola, wyd. W drodze, Poznań 2007, s. 200.

piosenkę i zaczyna ruszać. Nauczenie się ufania własnemu ciału i jego mądrości może wymagać wytrwałości, ale jest tego warte i okazuje się łatwe, gdy już się w tym połapiesz. Trudno wyjaśnić, w jaki sposób to zrobić, natomiast przebrnięcie przez etap skrępowania (jeżeli je odczuwasz) to dobry powód, żeby tańczyć samemu. Możesz eksperymentować z różnymi ruchami oraz rytmami i wczuć się w doznania, jakie wywołują one w ciele. Im częściej to robisz, tym bardziej naturalne się staje.

W przeciwieństwie do innych praktyk, w których cały czas utrzymuję ustaloną intencję, gdy już zaczynam tańczyć, przestaję o czymkolwiek myśleć. Podczas praktyki spaceru celowo skupiam się na stopach uderzających o ziemię, żeby uwolnić energię. Taniec jest bardziej pierwotny i nauczyłam się ufać ciału. Czasami mniej świadomie kontrolowane metody stanowią doskonały wybór, zwłaszcza gdy nie jest się pewnym, co albo w którym miejscu jest nie tak. Po prostu wiesz, że coś musi się ruszyć, więc ufasz ciału, że wie, czego potrzebuje. Dzięki utrzymywaniu uwagi na doznaniach podczas tańca i analizowaniu ich możemy dowiedzieć się, co się działo, żeby w przyszłości móc wykorzystać tę wiedzę i doświadczenie w odpowiednim momencie.

YIN JOGA: Ludzie Zachodu często interesują się tai chi albo jogą ze względu na korzyści fizyczne. Praktyki tego rodzaju są jednak głęboko zakorzenione w pracy energetycznej. Jednocześnie oczyszczają, zabezpieczają i pielęgnują energię. W konsekwencji, kiedy ćwiczy się je z uwagą, doskonale działają na zdrowie energetyczne. Jeżeli chodzi o samo oczyszczanie, yin joga jest doskonała. Koncentruje się na utrzymywaniu nieruchomych pozycji przez długi czas, dla początkujących to zwykle od jednej do pięciu minut. Z fizycznego punktu widzenia pozycje te wykraczają poza widzialne części naszej anatomii i skupiają się na jej głębszych warstwach. Długie utrzymywanie pozycji, zwłaszcza tych głęboko otwierających biodra, wpływa także na ciało emocjonalne, co umożliwia uwolnienie głęboko zastałej energii. Jeżeli nigdy wcześniej nie ćwiczyłeś jogi, zacznij powoli i przygotuj się na doznania nie tylko fizyczne, ale i emocjonalne. Chociaż gorąco polecam yin jogę, każdy rodzaj jogi pomaga uwolnić energię, ponieważ większość asan tworzy przestrzeń w ciele. Z powodu działania zasady „jak na górze, tak na dole”, ta przestrzeń powstaje również w ciele energetycznym.

Kiedy poruszamy ciałem fizycznym, poruszamy też energię. Stagnacja to krańcowy, przedłużający się i niewłaściwy bezruch, z kolei niepokój to silnie wibrująca energia. Ciało może pomóc nam w utrzymaniu odpowiedniej wibracji w niemal każdych okolicznościach. Usuń z życia stagnację oraz niepokój i utrzymuj przepływ czystej energii poprzez odpowiednie poruszanie ciałem.

2. Dźwięk

Wykorzystanie dźwięku to prosty sposób na poruszenie energii przez podniesienie jej wibracji, stworzenie przestrzeni i rozbicie zastałej energii. Co prawda technika ta wykorzystywana jest głównie do przestrzeni fizycznych albo pracy energetycznej na rzecz innych, jednak można wykorzystać ją i dla siebie. Pamiętaj, że ważna jest intencja. Tradycyjne metody wykorzystywania dźwięku do wpływania na energię obejmują grzechotki, bębny, gongi, dzwonki, misy tybetańskie i klaskanie. Technicznie rzecz biorąc, można wykorzystać śpiewanie albo skandowanie, ale w moim przypadku one lepiej sprawdzają się podczas pielęgnowania energii. Chociaż posiadanie specjalnego instrumentu do pracy energetycznej jest wspaniałe, nie musisz kupować kosztownej grzechotki czy bębna. Możesz wrzucić ziarna suszonej fasoli albo kukurydzy do zamykanego pojemnika, na przykład plastikowego pudełka, i zrobić własną grzechotkę, albo wykorzystać książkę czy blat stołu do wybijania rytmu.

Kiedy ja używam dźwięku do oczyszczenia siebie, niejednokrotnie dołączam do tego ruch, a po skończeniu oczyszczania zastygam w bezruchu i ciszy, wydychając poruszoną energię i świadomie wdychając lekką wibrację, taką jak pokój i łaska. Dźwięki mogą pobudzić umysł i energię. Kiedy czujesz się ospały, pohałasuj, żeby obudzić ciało energetyczne.

3. Woda

Woda to cudowne i odświeżające narzędzie oczyszczania. Omówimy najłatwiejszą metodę, mycie, a także tworzenie i używanie dodatków do energetyzowania wody. Wody można również używać podczas twórczej wizualizacji, kiedy nie ma się dostępu do rzeczywistej cieczy, albo kiedy potrzebujemy, że się tak wyrażę, zanurkować głębiej.

MYCIE: Najprostszą techniką jest umycie rąk albo twarzy samą wodą. Bywa, że to nie wystarcza, więc lepszy jest prysznic albo kąpiel. Chociaż woda kranowa jak najbardziej się nadaje, niektórzy wolą stosować dodatki, żeby osiągnąć konkretny cel albo podnieść skuteczność wody.

DODATKI ENERGETYZUJĄCE: Popularne jest dodawanie olejków eterycznych, ale trzeba wiedzieć, jakiego olejku się używa i dlaczego (oraz mieć pewność, że jest bezpieczny dla skóry). Wiele osób sięga po lawendę, ale to bardziej pielęgnujący olejek, ponieważ koi i uzdrawia. W moim przypadku do oczyszczania świetnie sprawdza się energia rozmarynu. Pamiętaj, że niektórzy są wrażliwi na rozmaryn, nie powinny go też używać kobiety w ciąży. Moim ulubionym olejkiem jest ten z szałwii muszkatołowej, chociaż zazwyczaj nie jest zalecany do oczyszczania i jego też nie powinny używać kobiety w ciąży. Jeżeli masz jakieś ulubione olejki i sprawdziłeś je pod kątem bezpieczeństwa, zobacz, jak na ciebie podziałają. Mimo że istnieją tradycyjne zastosowania, każdy z nas nawiązuje osobistą relację z duchami olejków.

Umieszczenie na kilka dni kryształu w pojemniku pełnym wody nasyca tę wodę jego cechami, tym samym wspierając pracę oczyszczającą. Ja używam czarnego kwarcu znalezionego w Rosji przez przyjaciółkę, która mi go podarowała. Pamiętaj, żeby przed użyciem jakiegoś kamienia sprawdzić jego właściwości, bo niektóre kryształy rozpuszczają się w wodzie. Bezpieczeństwo przede wszystkim!

Naturalną substancją oczyszczającą jest sól, więc możesz po prostu rozpuścić ją w wodzie, żeby wzmocnić skuteczność oczyszczania.

Popularne jest również energetyzowanie wody światłem słonecznym i księżycowym. To nic skomplikowanego. Po prostu na jakiś czas postaw pojemnik z wodą w świetle słońca albo księżyca. Ja stawiam wodę w zakręconym słoiku na parapecie. Żeby naenergetyzować wodę światłem słońca, zostawiam tam słoik na cały dzień, a księżyca – na całą noc. Zazwyczaj wody naładowanej energią słońca używam do oczyszczania, a księżyca do zabezpieczania i pielęgnowania, ale to wynika z mojej relacji z tymi ciałami niebieskimi. Pomyśl o własnej relacji z nimi i zdecyduj, co jest właściwe dla ciebie. Jeżeli interesujesz się astrologią, możesz nawet doprecyzować cel użycia wody, zwracając uwagę na znak, w którym przebywa właśnie słońce czy księżyc albo na fazę tego ostatniego. Tradycyjnie przyjmuje się, że w uwalnianiu i oczyszczaniu pomaga księżyc malejący.

Niezależnie od tego, czy myjemy tylko ręce czy całe ciało, innym sposobem oczyszczania jest użycie mydła z dodatkiem olejków albo ziół znanych z właściwości oczyszczających. Przekonałam się, że niesłychanie skuteczne są wspaniałe mydła z dodatkiem szałwii, turówki wonnej i cedru. Mnóstwo olejków ma właściwości oczyszczające. Jeżeli nie możesz znaleźć mydła z ulubionym dodatkiem, poszukaj osoby, która robi mydła na zamówienie albo spróbuj je zrobić samodzielnie. Jeśli zastosuje się odpowiednie środki ostrożności, wyrób mydła jest łatwy i satysfakcjonujący.

WIZUALIZACJA: Wizualizacja to użyteczna i uniwersalna metoda oczyszczania. Ogranicza nas tylko własna wyobraźnia, więc popuść jej wodze. Znajomość czakr nie jest oczywiście niezbędna do pracy energetycznej, ale nawet podstawowe zrozumienie ich działania będzie pomocne. Czakry to ośrodki energetyczne niewidzialnego ciała. Ich koncepcja wywodzi się z wielu wschodnich tradycji, ale niejeden zachodni bioenergoterapeuta z niej korzysta. Samo słowo *czakra* wywodzi się z sanskrytu i oznacza „koło". Chociaż mamy wiele czakr, większość praktyków na Zachodzie skupia się na siedmiu głównych: korony (fiolet), trzeciego oka (indygo), gardła (niebieski), serca (zielony), splotu słonecznego (żółty), sakralnej (pomarańczowy) i podstawy (czerwony). Jeżeli wpiszesz hasło „czakry" w wyszukiwarkę internetową, znajdziesz wiele grafik ukazujących ich położenie oraz opis energii i kwestii, z którymi są powiązane.

Oto jedna z moich ulubionych wizualizacji związanych z wodą: kładę się, zamykam oczy i wyobrażam sobie swoje ciało energetyczne i czakry. Zaczynam od najniższej, czyli od czerwonej czakry podstawy. Widzę ją w myślach wyraźnie i wprawiam w ruch wirowy. Po kolei przechodzę przez następne czakry i kolory: pomarańczowy, żółty, zielony, niebieski, indygo i fiolet, utrzymując ruch wszystkich czakr. Następnie wyobrażam sobie strumień wody wpływający mi przez czubek głowy (czakrę korony), przepływający przez każdą czakrę po kolei i ją oczyszczający. Strumień spływa z powrotem do ziemi, gdzie usunięta energia zostanie wysłana tam, gdzie jest potrzebna. Podziwiam przez chwilę swoje błyszczące, czyste czakry, po czym znowu je uspokajam. I tyle. Łatwiutkie i niesamowicie odświeżające.

4. Ogień

Ogień jest potężnym sprzymierzeńcem w oczyszczaniu. Można go wykorzystać w pracy energetycznej przez faktyczne palenie różnych rzeczy, pracę ze świecami oraz – tak jak w przypadku wody – wizualizację. Ponieważ jest taki potężny, może być niebezpieczny, więc zawsze, ale to zawsze, zachowaj rozsądek i uwagę.

PALENIE: Najczęściej wykorzystuję ogień w ten sposób, że zapisuję energię, którą chcę uwolnić, na malutkim kawałku papieru. Chwytam ten kawałek papieru szczypcami, które mam w tym właśnie celu, podpalam zapalniczką z długą końcówką albo świeczką i wrzucam do żeliwnego kociołka, żeby się spalił (nada się każde ognioodporne naczynie). Gdybym była naprawdę ostrożną i sumienną osobą, zakopywałabym popiół w ziemi. Czasami to robię. Czasami zostawiam go w kociołku do następnych porządków… zwłaszcza w zimie, ponieważ grunt jest zbyt twardy, żeby w nim kopać.

PRACA ZE ŚWIECAMI: Innym sposobem na zastosowanie ognia, o którym słyszałam, ale którego nie wypróbowywałam osobiście, jest zapalenie małej świeczki i skierowanie do niej całej energii, którą chce się uwolnić. Żeby wypełnić świeczkę tą energią, weź ją w dłonie. Scentruj się i uziem. Skoncentruj się na energii, którą chcesz uwolnić. Poczuj, jak opuszcza twoje ciało i przenika do świeczki. Możesz ją zapieczętować, zapisując nazwę tej energii na świeczce wykałaczką albo innym ostro zakończonym przedmiotem. Patrz na świeczkę, aż się wypali. W zależności od jej wielkości może to zająć dość długą chwilę. Jeżeli nie masz małej świeczki, na twoim miejscu przeznaczyłabym do tego celu jedną dużą, zaznaczyła niewielkie odcinki i wypalała jeden z nich na sesję.

WIZUALIZACJA: Tak jak w przypadku wody, wizualizacja ognia to kolejne potężne narzędzie, które możesz włączyć do swojego repertuaru. Sugeruję wyobrażanie sobie jasnego białego światła zamiast zwykłych płomieni ognia. Po wejściu w stan medytacyjny wyobraź sobie, że otacza cię wspaniałe białe światło, zamyka się wokół ciebie niczym pełen miłości uścisk, kiedy bierzesz długi, powolny, głęboki wdech. Pozwól mu przeniknąć twoje ciało energetyczne na wskroś. Zatrzymaj oddech na wdechu przez kilka sekund i zrób wydech, jednocześnie uwalniając światło, które zabiera ze sobą całą energię, którą chcesz usunąć. Praktykę tę, która trwa tylko tyle, co wdech i wydech, można wykonać w dowolnym momencie. Na przykład stojąc w korku, bo nie wiem, jak ty, ale ja czasami wtedy z trudem utrzymuję spokojną, harmonijną energię. Poddanie się pokusie przeklinania, wkurzania się albo wrzeszczenia na innych (jakby umyślnie próbowali zablokować ruch) może przynieść ulgę na minutę. Niestety wpływ takiego wybuchu na ciebie i osoby znajdujące się w pobliżu nie jest tego warty, ponieważ jedyne, co osiągnąłeś, to zasilenie obecnej już chaotycznej, bezładnej, pełnej frustracji energii. Natomiast ta szybka i skuteczna praktyka oddychania światłem może trochę uspokoić podczas jazdy ciebie, a nawet innych kierowców.

5. Powietrze

Powietrze to jeden z moich ulubionych żywiołów oczyszczających, nie dlatego, że z jakiegoś powodu jest lepszy od pozostałych, ale dlatego, że dobrze pasuje do mnie i stylu mojej pracy. Jeżeli masz już więź z jakimś żywiołem, może on okazać się najlepszy do oczyszczania. Jeśli w ogóle nie znasz żywiołów albo masz niewielkie doświadczenie w pracy z nimi, wypróbuj wszystkie i przekonaj się, z którym działa ci się najbardziej naturalnie. Jest mało prawdopodobne, że będziesz praktykować regularnie, jeżeli dana metoda nie będzie z tobą współgrać i wydawać się naturalna, a systematyczność jest ważna w każdej praktyce. Techniki opisane poniżej obejmują okadzanie, pracę z oddechem i organizację.

OKADZANIE: Kadzidełka często kojarzone są z powietrzem, a pachnący dym palonych ziół albo żywicy wykorzystywany jest do oczyszczania energii już od stuleci. Tak naprawdę większość ludzi zainteresowanych oczyszczaniem energii zaczyna od szałwii. To najczęściej udzielana porada, która stała się już częścią kultury głównego nurtu. Palenie szałwii to rzeczywiście doskonały sposób oczyszczania energii. Wykorzystuję je w ramach regularnej praktyki oczyszczania domu.

Podczas lektury na temat pracy z szałwią możesz natknąć się na termin „ceremonia okadzania". Chodzi o przesunięcie jakiegoś przedmiotu przez dym albo przesunięcie dymu ponad i dookoła jakiejś rzeczy, ponieważ to ten dym ma działanie oczyszczające. W tym celu weź wiązkę szałwii albo kadzidełko, zapal i poczekaj chwilę, po czym zdmuchnij płomień. Końcówka powinna się żarzyć i dymić. Przesuwaj dym ponad rzeczą, przestrzenią albo osobą, którą oczyszczasz, i dookoła niej.

Kadzidła w formie niesprasowanej można palić też na węglu albo w kadzielnicy elektrycznej. Uprzedzam jednak, że zioła palone w ten sposób wydzielają bardzo dużo dymu. Ja zazwyczaj używam szałwii do oczyszczania przestrzeni – więcej informacji na ten temat znajdziesz w części III.

PRACA Z ODDECHEM: Jeżeli chodzi nam o oczyszczenie powietrzem samego siebie, praca z oddechem jest niesamowita. Wspomniałam o niej pobieżnie we fragmencie na temat pracy z ogniem, więc wiesz, jaka jest łatwa: nie wymaga użycia żadnych narzędzi i można ją wykonać w każdym miejscu bez zwracania na siebie uwagi. Fakt, uwagę może zwrócić całkowita zmiana twojej postawy, twoich słów i działań, kiedy już się oczyścisz, ale to będzie tylko świadczyć o powodzeniu procesu. Tak jak wiele z tych praktyk, pracę z oddechem można również wykorzystać do zabezpieczania i pielęgnowania energii. Teraz jednak skoncentrujemy się na oczyszczaniu. Sprawą zasadniczą jest opróżnienie się i stworzenie przestrzeni. Oznacza to, że chociaż oczywiście należy brać długie, powolne, głębokie wdechy, punkt skupienia przypada na wydech, na uwolnienie energii.

Używając oddechu do oczyszczenia, postępuj zgodnie z następującymi krokami:

- Rób wdech, licząc do trzech.
- Rób wydech, licząc do pięciu.
- Wstrzymaj oddech (czy też, dokładniej mówiąc, jego brak), licząc do trzech, czterech albo pięciu.

To zatrzymanie oddechu tworzy przestrzeń niezbędną zastałej energii do odblokowania się, a innej energii do jej wypłukania. Powtórz te powolne, celowe oddechy kilka razy, wykorzystując wdech do rozbicia zastałej energii. Po ostatnim oddechu wstrzymaj się z wdechem na tak długo, jak ci się uda – ale nie na dłużej niż zajmie ci policzenie do pięciu. Robi się to, żeby wspomóc tworzenie przestrzeni, żeby doświadczyć tej pustki. Teraz możesz wypełnić tę przestrzeń, kiedy więc będziesz robić następny wdech, świadomie wybierz, co chcesz do niej wprowadzić (to jest również pielęgnowanie energii, ale trudno zrobić wydech bez wdechu).

Pracę z oddechem opisuję także we fragmencie dotyczącym pielęgnowania energii (patrz: s. 74–75). To naprawdę jedno z najlepszych i najłatwiejszych w użyciu narzędzi, jakimi dysponujemy. Wydech uwalnia energię, a wdech odżywia ciało energetyczne tym rodzajem energii, którego akurat potrzebujemy.

ORGANIZACJA: Ostatnia technika związana z żywiołem powietrza jest szczególnie pomocna dla ludzi, którzy chcą oczyścić ciało mentalne, i tych, którzy czują się przytłoczeni pracą. Łączę ją z powietrzem, ponieważ kojarzę ten żywioł między innymi z komunikacją, logiką i porządkiem. Chociaż bycie „w pracy” przez cały czas, ponieważ ciągle mamy przy sobie smartfony i sprawdzamy e-maile, może wydawać się normą, dobrze wiemy, że nie jest zdrowe ani nie zwiększa wydajności, nawet jeśli ktoś ma takie poczucie. Ta praktyka będzie sprawiać wrażenie nierealnej, a jej pomyślna realizacja wymaga czasu i dyscypliny. Nie mówię tego po to, żeby wydała ci się jeszcze trudniejsza, tylko po to, żebyś miał realistyczne oczekiwania. Mimo że długo zajęło mi dotarcie do obecnego punktu, ta konkretna praktyka – która, jak wiele innych, nie tylko oczyszcza, ale też zabezpiecza i pielęgnuje energię – zmieniła moje życie wyraźnie i znacząco. Oto ona: pod koniec tygodnia pracy, zanim wyłączę się na weekend, robię porządek w e-mailach, na pulpicie komputera i na biurku. Szalone, prawda? Kto ma na to czas? Jesteś taki zapracowany! Wiem, ja też. Korzyści są jednak fantastyczne. Można wyjść z pracy z jasnym umysłem. Po powrocie nie zaczyna się tygodnia pracy od chaosu. Ma się kontrolę nad przestrzenią pracy i samą pracą.

Istnieje wiele zasobów i artykułów mówiących o tym, jak to robić, ale podzielę się z tobą kilkoma wskazówkami. W czasach, kiedy miałam w skrzynce odbiorczej ponad sto e-maili, powodowało to niepokój i wrażenie wiecznego zapracowania, które może być bardzo uzależniające, natomiast zdecydowanie nie jest harmonijne. Teraz tworzę foldery dla konkretnych projektów i w nich umieszczam e-maile. Kiedy jestem gotowa skupić się na danym projekcie, zajmuję się wiadomościami, które go dotyczą. Dla e-maili, które nie są związane z projektami, ale i tak wymagają odpowiedzi, mam osobny folder. Dla wszystkich pilnych rzeczy mam ustawione w programie pocztowym przypomnienie.

To samo dotyczy pulpitu i biurka. Odkładam wszystko na swoje miejsce, żeby uniknąć wizualnego chaosu, za to zapewnić wrażenie porządku. Sporządzanie listy zadań do wykonania bez określonego terminu, oprócz tej codziennej, pomaga mieć pewność, że o niczym się nie zapomni. Jak na górze, tak na dole. Podejdź do tego projektu na spokojnie, a taka właśnie energia przez niego przepłynie. Utrzymywanie porządku zaowocuje komplementarną praktyką, która przyniesie korzyści zarówno twojej pracy, jak i ciału energetycznemu.

Związany z pracą obszar, z którym mam problemy, to utrzymanie porządku w telefonie. Nie opanowałam jeszcze zadowalająco usuwania aplikacji, których już nie używam, starych SMS-ów, niepotrzebnych już e-maili i wiadomości głosowych, które zostawiłam „na wszelki wypadek", ale których już nigdy więcej nie odsłuchałam. Och, nie zapominajmy też o zdjęciach. Czy zdarzyło ci się kiedyś, że chciałeś szybko pokazać komuś zdjęcie w telefonie, a skończyło się na tym, że twój rozmówca coraz bardziej się niecierpliwił, gdy ty przebijałeś się przez trzysta zdjęć? Czasami robię tuzin ujęć jednej rzeczy, osoby czy wydarzenia, mając nadzieję, że któreś wyjdzie idealnie, i zakładając, że wrócę do nich i usunę te nieudane. Problem w tym, że niemal nigdy tego nie robię. A później, kiedy wchodzę w folder i chcę któreś komuś pokazać, pojawia się niespokojna energia i nie jest to miłe doświadczenie, co w dodatku utrudnia znalezienie danego zdjęcia. Dobre wieści są takie, że powoli staję się w tym coraz lepsza.

Widzisz, utrzymanie zdrowego życia energetycznego to nieustająca praca. Miłe jest to, że kiedy już ustali się swój system i praktykuje go regularnie, w końcu wchodzi nam on w krew i możemy przejść do następnego obszaru bez uczucia przytłoczenia. Organizacja i oczyszczanie działają cuda zarówno w świecie fizycznym, jak i energetycznym.

6. Ziemia

Kiedy czujesz się rozproszony, roztrzepany albo pobudzony, idealne są praktyki związane z żywiołem ziemi. Jednak w przypadku energii zastałej polecam wykorzystanie innych. Ziemia świetnie uspokaja i skupia energię chaotyczną, więc łatwej ją uwolnić. W tym miejscu omówimy korzyści płynące z używania kryształów i drzew, wagę opiekowania się zwierzętami i magię drzemek.

KRYSZTAŁY: Najprostszą i najpowszechniejszą metodą jest noszenie kryształu w kieszeni, żeby móc go dotknąć za każdym razem, kiedy potrzebuje się uziemienia. Rodzaj kamienia określa konkretniejszy charakter uziemienia. Mam kilka ulubionych kamyków: tygrysie oko albo któryś ze znalezionych osobiście podczas wędrówek. Jeżeli nie wiesz zbyt dużo na temat kryształów, pomocna okaże się dobra książka na ich temat albo sklep – metafizyczny bądź geologiczny – z wykwalifikowaną obsługą. Dobrym wyborem będzie zwłaszcza sklep, ponieważ umożliwia wzięcie kryształu do ręki i sprawdzenie swoich odczuć. Doskonale w oczyszczaniu sprawdza się sól, ale pomijając kąpiel, używam jej zazwyczaj do oczyszczania przestrzeni, a nie energii osobistej.

Tak jak pracy z oddechem, kryształów używa się również do pielęgnowania. Niosą one ze sobą konkretną energię i na szczęście możemy z niej skorzystać w razie potrzeby.

DRZEWA: Mimo że w niektórych kręgach stało się to już żartem, przytulanie się do drzew albo opieranie o nie (jak również siedzenie bądź stanie pod nimi) to potężny sposób uwalniania energii. Drzewo jest mocne i mądre, zawsze odczuwam całkowite zaufanie, kiedy proszę drzewo o pomoc. Niezależnie od tego, jak pobudzona albo chaotyczna jest nasza energia, już samo wyjście z domu i dotknięcie ziemi pomaga, jeżeli nie mamy dostępu do drzewa.

ZWIERZĘTA: Przytulanie albo głaskanie zwierzęcia bądź zabawa z nim skutecznie uspokaja. Istnieje mnóstwo artykułów traktujących o tym, jak te czynności wyciszają ciało fizyczne, a jak wiemy, ciała fizyczne i energetyczne są połączone. Bądź jednak podczas tej praktyki ostrożny. Zajmuj się zwierzęciem, żeby uspokoić energię, ale nie przekazuj mu jej. Kiedy już poczujesz się spokojny, do uwolnienia energii zastosuj pozycję góry albo pracę z oddechem.

DRZEMKA: Następna praktyka może nie przypominać pracy z energią, ale należy do jednej z najskuteczniejszych technik, jakie znam – to drzemka. Oczywiście ucięcie jej sobie nie zawsze jest możliwe, ale spróbuj, jeżeli tylko będzie. Od dawna powtarzam, że najpotężniejsze praktyki magiczne, jakie znam, to sprzątanie (które porusza energię zastałą) oraz drzemka (która uspokaja energię chaotyczną). Zdarza się, że pozostawanie przytomnym przynosi efekt odwrotny do zamierzonego, kiedy energia ciała mentalnego albo emocjonalnego jest pobudzona. Jeżeli umysł ma możliwość snucia historii, łatwo zasilać obsesyjne myśli albo podsycać rozpalone emocje. Sen to skuteczny środek zapewniający umysłowi i emocjom przestrzeń do wyciszenia.

7. Duch

Praktyki duchowe są doskonałe dla ludzi o osobowości refleksyjnej albo tych, którzy pragną bardziej pobożnej pracy z energią. Niektóre z moich ulubionych technik duchowych obejmują modlitwę i czynienie dobra.

MODLITWA: Modlitwa, czy też komunia z bóstwem bądź innym wyobrażeniem Boskości, może być prostą i bezpośrednią metodą kierowania energią. Tak jak proszę drzewo o zabranie ode mnie niechcianej energii i oddanie jej ziemi, gdzie zostanie przesłana w odpowiednie dla niej miejsce, tak modlę się do swojej koncepcji Boskości i proszę o to samo. Taka praktyka łatwo i naturalnie przyjdzie osobom, które już modlą się regularnie. Dla osób, które tego nie robią, może stać się prostym, spokojnym i pięknym doświadczeniem, jeżeli pasuje do systemu ich przekonań. Jeżeli jednak myśl o modleniu się przywołuje niemiłe wspomnienia, wybierz medytację. Nie jest dokładnie tym samym, ale bardzo jej do modlitwy blisko. Podczas modlitwy obcujemy z Boskością, a podczas medytacji łączymy się ze swoją najwyższą wewnętrzną mądrością.

CZYNIENIE DOBRA: Chociaż połączenie podejścia duchowego z prozaicznymi działaniami w świecie fizycznym może się wydawać dziwne, technika ta ma ogromną moc. Jeżeli znasz naturę energii, którą chcesz oczyścić, określ czynność, która jest jej przeciwna. Na przykład, jeśli chcesz oczyścić energię egoizmu albo kurczowego trzymania się czegoś, zrób coś altruistycznego albo charytatywnego. Jeżeli musisz uwolnić energię złości, wybacz komuś. Chociaż większość opisanych powyżej praktyk świetnie działa w odniesieniu do potrzeb bieżących, ta doskonale sprawdza się również do stopniowego usuwania starej, głęboko zakorzenionej energii. Czasami jakaś energia w nas osiada i kształtuje nasze zachowanie w sposób niezgodny z naszymi wartościami. Mimo że chcielibyśmy, aby pojedynczy rytuał pomógł albo jedna sesja uzdrawiania zabrała to wszystko raz na zawsze, zazwyczaj tak to nie działa, ponieważ zachowania te wchodzą nam w nawyk. Nawet jeżeli uwolniliśmy tę energię z ciała energetycznego, ciało fizyczne (łącznie z umysłem) potrzebuje czasu, żeby się dopasować. Pozbycie się starych nawyków wymaga czasu. Trwałą zmianę zapewni świadome uczenie się zachowywania w sposób zgodny z wyznawanymi ideałami. Jeżeli nie zmieni się zachowania ciała fizycznego, uwolniona energia prawdopodobnie wróci, ponieważ środowisko będzie dla niej kuszące.

Poznałeś już techniki oczyszczające, zapewne więc chcesz nauczyć się sposobu na utrzymanie energii w czystości. Zabezpieczanie swojej energii jest ważne, żeby nie dać jej się wyczerpać. Co więcej, kiedy już pozbędziesz się tego, co nie służy twojemu prawdziwemu celowi, nie będziesz chciał, żeby wróciło. Przyjrzyjmy się pewnym metodom, które mogą pomóc nam w kontrolowaniu tej dobrej energii, nad której oczyszczeniem tak się napracowaliśmy.

Notatki

Zanim przejdziemy dalej, zanotuj swoje reakcje na niektóre z powyższych technik. Wypróbuj przynajmniej jedną z każdej kategorii. Zapisz, jaką energię czułeś przed wykonaniem danej techniki i jak zmieniła się ona później. Szczegółowe notatki są ważne, ponieważ niestety z czasem zapominamy, co się działo, mimo że wydaje nam się, że wszystko zapamiętamy. Podczas nauki pracy z energią i opracowywania własnej praktyki dziennik stanie się ważnym narzędziem.

1. Które techniki sprawiają wrażenie takich, których nigdy byś nie użył? Dlaczego?
2. Wypróbowania których z nich nie możesz się doczekać? Dlaczego?
3. Która z tych, które wypróbowałeś, zaskoczyła cię najbardziej? Dlaczego?

Rozdział 4

TECHNIKI ZABEZPIECZANIA I PIELĘGNOWANIA ENERGII

Po usunięciu części zastałej albo nieodpowiedniej energii dobrze jest zabezpieczyć swoje ciało energetyczne. To proste i łatwe zadanie. A kiedy już nacieszysz się przestrzennością oczyszczonego ciała energetycznego, możesz przejść do pielęgnacji. Jedną ze wspaniałych korzyści płynących z pracy energetycznej jest napełnianie się konkretną energią.

ZABEZPIECZANIE

Praktyki zabezpieczające koncentrują się na granicy ciała energetycznego, która odpowiada skórze ciała fizycznego. Stosuje się je zarówno do zatrzymania pożądanej energii przy sobie, jak i do niedopuszczenia do siebie energii niechcianej. Granica ciała energetycznego jest przenikalna i lepka. W końcu jesteśmy jednością ze wszystkim, co istnieje, więc można odnieść wrażenie, że wszystko chce się do nas przykleić, nawet jeżeli my nie chcemy tego czegoś. Nie wszystkie te rzeczy – energia w postaci idei albo emocji – są nieodpowiednie, ale ponieważ chodzi o twoje ciało energetyczne i ponieważ masz wolną wolę, od ciebie zależy, co zatrzymasz. Jako istota ludzka i współtwórca wszechświata masz prawo i obowiązek określać i decydować, co zostawić, a co uwolnić.

Wielu osobom, zwłaszcza tym wrażliwym bądź empatycznym, zabezpieczanie może wydawać się trudne. Jeżeli twoje ciało energetyczne jest wyjątkowo magnetyczne i lepkie, często czujesz się przytłoczony emocjami i energiami, które nie są twoje. Dlatego też ustalenie chociaż jednej metody zabezpieczającej pomoże ci czuć się swobodniej i czyściej.

W podobnej sytuacji mogą znaleźć się osoby, które nie są wyjątkowo wrażliwe, ale często kontaktują się z mnóstwem ludzi, osobiście bądź nie, zwłaszcza w sieci poprzez komentarze na portalach społecznościowych czy forach. Niewielu z nas ma jasne pojęcie o higienie energetycznej. Z tego powodu nasze energie są wymieszane i nikt nie wie, która należy do kogo. Nic zatem dziwnego, że czasami życie wydaje się jednym wielkim, chaotycznym bałaganem. Zabezpieczenie pomaga rozpoznać, co należy do nas, żebyśmy mogli się tym zająć, a co do innych, żebyśmy tego nie ruszali.

1. Kokon ze światła

To powszechnie stosowana technika, ponieważ jest prosta i skuteczna. Można ją wykonywać na siedząco, stojąco albo leżąco. Zamknij oczy i skoncentruj się na swoim wnętrzu. Wyobraź sobie płonący białym, jasnym i silnym światłem płomień. Wyznacz mu zadanie chronienia swojego ciała energetycznego. Ustal, że nic nie przeniknie ani nie przyklei się do ciebie, jeżeli nie wyrazisz na to zgody. Niech płomień rozszerzy się i wypełni twoje ciało. Kiedy już będzie ono pełne tego światła, wypchnij je we wszystkie strony przez skórę, żeby przeniknęło twoje ciało energetyczne. Możesz zaczynać od tej praktyki każdy dzień albo używać jej w razie potrzeby. Jest szczególnie skuteczna w sytuacjach pełnych dynamicznej energii – na przykład podczas burzliwych zebrań, pełnych napięcia spotkań rodzinnych albo towarzyskich czy nieprzyjemnych interakcji w mediach społecznościowych. Dzięki osłonięciu się światłem będziesz bardziej przypominać prawdziwego siebie, będziesz w stanie dzielić się tym światłem i pomagać innym.

2. Sznury

Prawdopodobnie lepszą nazwą jest usuwanie sznurów, ponieważ właśnie na tym polega ta inspirowana szamanizmem technika. W zasadzie jest to zarówno działanie oczyszczające (ponieważ usuwa to, czego nie chcemy), jak i zabezpieczające. Mówiliśmy już, że nasze ciała energetyczne są lepkie, ale to nie jest jedyny sposób, w jaki trafia do nas energia. Sznur to połączenie energetyczne pomiędzy dwiema osobami, osobą i miejscem, osobą i rzeczą, osobą i grupą albo osobą i ideą. I nie tylko połączenie, ale również kanał, który umożliwia przepływ energii pomiędzy oboma swoimi końcami. Ilość otrzymywanej i oddawanej energii nie zawsze jest równa. Ktoś może podłączyć do nas sznur, który będzie wysysał z nas energię albo napełniał nasze ciało energetyczne.

Istnieje kilka sposobów tworzenia sznurów. Po pierwsze, kiedy pozostajemy w relacji z jakąś osobą, miejscem, rzeczą, nawykiem, raną emocjonalną albo ideą, tworzymy sznur, który nas łączy. Drugi sposób to podłączenie sznura do osoby, z którą nie pozostaje się w żadnej relacji. Często spotyka mnie to jako autorkę i nauczycielkę. Osoby wysyłające mi sznury niekoniecznie kierują się złymi zamiarami. Podziw, wdzięczność i szacunek tworzą sznury równie skutecznie, co zazdrość, rozdrażnienie i wstręt. Niezależnie od intencji, najlepiej działamy wtedy, kiedy jesteśmy świadomi swojej energii i mamy nad nią pełną kontrolę, dlatego nawet uwaga wynikająca z dobrych intencji może mieć niepożądane skutki. Trzeci sposób tworzenia sznurów energetycznych to energetyczne nawiązanie kontaktu i przyczepienie się do kogoś albo czegoś, zazwyczaj nieumyślnie, chociaż czasami robimy to celowo. Dzieje się tak na przykład wtedy, gdy kończy się jakaś relacja, ale jedna ze stron nie jest gotowa jej puścić i nieustannie próbuje odnowić energetyczny sznur łączący ją z byłym partnerem.

Usuwanie sznurów okazuje się bardzo przydatną praktyką w moim życiu i mam nadzieję, że tobie też pomoże. Nie jest trudne. Na początku może się okazać, że lepiej robić to raz czy dwa razy w tygodniu, ale kiedy już utrwalisz podstawy harmonii energetycznej, powinien wystarczyć raz w miesiącu. Bycie wolnym od sznurów energetycznych w każdej minucie dnia jest niemożliwe, a przynajmniej ja nie odkryłam, jak to zrobić. Technikę tę najlepiej wykonywać na stojąco. Usuwa się sznury, a następnie pozwala im się rozproszyć, a zawartą w nich energię kieruje się z powrotem do ziemi, gdzie zostanie przekazana w najkorzystniejsze miejsce. Ja zwykle czuję i słyszę dźwięk lekkiego ssania, jak podczas zdejmowania bańki lekarskiej. Wykonasz trzy powtórzenia. Pierwsze dotyczy sznurów związanych z wzajemną relacją. Drugie – sznurów, które wysłali ci inni ludzie. Trzecie – tych, które ty wysłałeś. Oto podstawowe kroki, które należy powtórzyć trzy razy:

1. Stań w pozycji góry i zamknij oczy.
2. Wyobraź sobie swoje ciało energetyczne i zobacz wszystkie przyczepione do niego sznury.
3. Zaczynając od czubka głowy i przesuwając się w stronę stóp, mentalnie odczep wszystkie sznury i je upuść.
4. Po trzecim powtórzeniu zakończ – albo wyobrażając sobie uzdrowienie punktów, do których sznury były przyczepione, albo otaczając się kokonem ze światła (str. 98).

Podczas usuwania sznurów dostrzeżesz, że niektóre są cienkie i wiotkie, a niektóre grube i sękate, zwłaszcza na początku praktyki. To dlatego, że od długiego czasu były zasilane. Przekonałam się, że większość sznurów można łatwo usunąć. Zazwyczaj nie staram się zidentyfikować każdego sznura, który usuwam. Usunięcie większych sznurów może wymagać dłuższej pracy, wtedy będziesz musiał bardziej skupić się na intencji i włożyć w zadanie więcej energii.

Kiedy poznałam tę technikę, uznałam, że usunięcie wszystkich sznurów nie będzie mądrym posunięciem. W końcu chciałam utrzymać stosunki z żoną, rodziną i przyjaciółmi, prawda? Po przemyśleniu sprawy doszłam jednak do wniosku, że chociaż rzeczywiście chcę utrzymać relacje z bliskimi, to sznury energetyczne nie są najlepszym na to sposobem. Żeby tworzyć zdrowe związki, trzeba być całą osobą. Trzeba kierować własną energią i mieć ją na wyłączność – inni muszą robić to samo. Dzielenie z kimś energii jest formą współuzależnienia. Łatwiej utrzymać czystość związków, kiedy nie mieszamy własnych emocji i historii z emocjami i historiami drugiej osoby.

Pamiętaj, że sznury przypominają puste rury i tworzą kanał pomiędzy tobą a drugą osobą. Energia przepływa nimi w obie strony, a przepływ ten może być nieświadomy bądź świadomy. Czyli ktoś może zabierać ci twoją energię albo wysyłać ci nieodpowiednią. Tak jak energii, o której mówimy (i zresztą tak jak czakr), sznurów nie widać fizycznie.

Usunięcie sznurów nie zniszczy twoich relacji, chyba że są one niezdrowe. Silne, oparte na miłości związki jedynie zyskają, jeżeli jedno z partnerów – a najlepiej obydwoje – będzie niezależną istotą, która ma kontrolę nad swoją wolą i energią. Usuń więzy, które krępują, uwolnij siebie i innych, a przekonasz się, że jesteś bliżej ze swoimi bliskimi niż kiedyś.

3. Gest „Namaste"

Określenie to może dziwnie brzmieć, ale najlepiej opisuje, o co chodzi. Niezależnie od tego, czy kiedykolwiek praktykowałeś jogę czy nie, prawdopodobnie widziałeś, jak pod koniec zajęć jogini składają ręce w pozycji modlitewnej i mówią „Namaste". Dlaczego to robią? Przyznaję, że nie praktykuję jogi regularnie, więc mogę nie znać głębszych i ważniejszych powodów. Ale wiem to: w jodze kładzie się nacisk zarówno na oczyszczanie, jak i pielęgnowanie przestrzeni oraz energii w ciele. Po włożeniu wysiłku w uwolnienie tego, co niepotrzebne, i przyjęciu tego, co pożądane, złożenie rąk w pozycji modlitewnej – dłonie oparte o siebie na płasko na wysokości serca – zamyka symboliczny krąg. Ręka dająca i przyjmująca tworzą obwód zamknięty, więc to, co zostało uwolnione, zostaje na zewnątrz, a to, co pielęgnowane, zostaje zatrzymane wewnątrz.

To szybka i prosta technika, którą można zastosować po dowolnej praktyce oczyszczającej albo pielęgnującej, ale też w każdym innym momencie. Gdyby złożenie rąk w pozycji modlitewnej było kłopotliwe – na przykład podczas spotkania – możesz po prostu przycisnąć je do siebie pod stołem. Najważniejsze jest to, żeby dłonie stykały się ze sobą. To metaforycznie wyraża koncepcję, że nic nie wnika i nic nie wypływa, ponieważ dające i biorące ośrodki dłoni tworzą nieprzerwaną barierę. Tradycyjnie mówi się, że lewa dłoń jest biorąca, a prawa dająca. Jeśli jednak twoją dominującą ręką jest lewa, możesz uznać, że jest na odwrót.

Łącząc dłonie, zamykasz obwód, a to sprawia, że twoja energia pozostaje taka, jak sobie życzysz.

4. Metafora skóry

Skóra to metafora granicy ciała energetycznego, ponieważ zajmuje tę samą przestrzeń i wykonuje podobne funkcje. Podobnie jak czakra serca, niewidoczna i niefizyczna, zajmuje ten sam obszar co ono i ma podobne do niego cechy. Twoja skóra energetyczna jest przepuszczalna, zupełnie tak jak fizyczna. W przeciwieństwie do fizycznej, energetyczna jest także lepka. Obejmuje twoją energię, chroni ją i nadaje jej formę.

Można świadomie traktować skórę jako fizyczny symbol granicy swojej energii i używać konkretnych olejków albo ziół do jej zabezpieczenia. Sól jest oczyszczająca, a jednocześnie uziemiająca, a to rodzaj ochrony. Peeling oparty na soli i zastosowany z intencją pod prysznicem albo w kąpieli może pomóc w ochronic granicy energetycznej. Wzmocnij jego działanie albo uściślij intencję, dodając olejki albo zioła, które wspierają twoje pragnienia. Jak zawsze upewnij się, że stosowanie danego produktu na skórę jest dla ciebie bezpieczne. Jeżeli nie masz konkretnych preferencji, mogą ci pomóc książki na dany temat. Zachęcam do zachowania prostoty. Nie ma powodu, żebyś kupował mnóstwo drogich czy egzotycznych olejków i ziół. Ja dla ochrony najchętniej sięgam po cedr i lawendę. Wiele osób stosuje olejek różany, ale nie lubię jego zapachu, więc nie mam opinii na temat jego działania.

Peelingi solne nie są jedynym sposobem nałożenia zapachu na skórę. Sprawdzają się również balsamy do ciała z olejkami eterycznymi. W moim mieście rodzinnym znajduje się sklep, w którym sprzedawane są mydła, balsamy, świece i olejki. Wszystkie produkty są w wersji bezzapachowej i klienci wybierają, który olejek ma zostać dodany. Wybierz olejki, które kojarzą ci się z ochroną i uziemieniem, następnie wypróbuj różne mieszanki, żeby sprawdzić, czy odpowiadają ci ich zapach i działanie energetyczne. Możesz też pójść o krok dalej i wrzucić do buteleczki kryształ, żeby nasycić balsam jego właściwościami, tak jak wcześniej wodę. Dodatkowa korzyść – poza zabezpieczeniem energii i miękką skórą – będzie taka, że utrzymujący się w ciągu dnia zapach balsamu będzie przypominał ci o zwracaniu świadomej uwagi na energię wokół i wewnątrz ciebie.

Twoja skóra to największy narząd. Jest zarówno silna, jak i delikatna. Dbaj o nią, żeby ona mogła zadbać o ciebie.

5. Moc słów „tak" i „nie"

Odpowiednie używanie słów „tak" i „nie" jest niezbędne, by zabezpieczyć energię. Koncentruje się ono na granicy ciała energetycznego, a te krótkie słowa to ważne narzędzia, którymi się ją określa i utrzymuje. Kiedy mówisz czemuś „tak", zgadzasz się wydać na to energię. Wszyscy zbyt często mówimy „tak" – zazwyczaj dlatego, że obawiamy się kogoś zmartwić albo mamy poczucie obowiązku bądź winy. Żaden z tych powodów nie jest zgodny z naszymi wartościami, chyba że nakazują nam one robić wszystko, żeby nie martwił się nikt oprócz nas, albo wszystko, czego oczekują inni. Zanim się na coś zgodzisz, sprawdź, czy jest to zgodne z twoimi wierzeniami i wartościami. Jeżeli nie jest, powiedz mu zdecydowane i pewne „nie", żeby uszanować swoją energię i cel duszy.

Mówienie „nie" może być jedną z najtrudniejszych rzeczy, jakich się nauczysz. Z pewnością było (i pozostaje) trudne dla mnie. Jesienią 2016 roku pracowałam nad dwoma ogromnymi projektami, a w kolejce czekał już trzeci. Projekty te wymagają potężnych nakładów energii twórczej, skupienia i czasu. Stawianie tarota także wymaga znacznych ilości energii, uwagi i – oczywiście – czasu. W tamtym czasie postanowiłam uczcić ducha tych ogromnych projektów, poświęcając im wszystkie swoje zasoby. Oznaczało to zamknięcie praktyki tarota, przynajmniej na jakiś czas. To była trudna decyzja, ale właściwa. Jeszcze trudniejsze było osobiste odmawianie byłym klientom, którzy pisali do mnie, mimo że na mojej stronie internetowej umieściłam wyraźną informację o przerwie i znikła możliwość umówienia się na odczytanie. Jednak możliwość oddania się ważnym projektom jest korzystna zarówno dla pracy, jak i dla mojej energetycznej harmonii.

Nie oznacza to, że mamy mówić „nie" w odniesieniu do każdej rzeczy, której nie mamy ochoty robić. Praca z energią i pielęgnowanie ducha wymagają odpowiedzialnego rozróżniania, a nie dziecinnego pobłażania sobie. Ty jesteś odpowiedzialny za swoją energię – i nikt inny. Upewnij się, że twoje „tak" i „nie" systematycznie zmniejszają przepaść pomiędzy tobą a wartościami, zgodnie z którymi pragniesz żyć. Tak jak wszystko inne, bycie dojrzałą, zdrową osobą ma swoje plusy i minusy. Używaj słów w sposób, który wyraża autentyczny cel twojej duszy.

Po usunięciu energii, która nie służy celowi twojego życia, i opracowaniu sposobów na zapewnienie sobie energetycznego bezpieczeństwa, prawdopodobnie bardzo dobrze się poczujesz. Wiele osób odczuwa lekkość, skupienie, mniejszy niepokój, a nawet głęboki spokój. Uświadomienie sobie, jak duszące było noszenie całej tej niepotrzebnej energii, jest doprawdy niesamowite. Ciesz się tymi doznaniami i wiedz, że zasługujesz, żeby czuć się w ten sposób – a tak naprawdę jesteś do tego stworzony.

Chociaż już samo to jest cudowne, będzie jeszcze lepiej. Teraz, kiedy zrobiłeś już miejsce w swoim ciele energetycznym i nauczyłeś się wzmacniać swoją granicę, możesz pielęgnować to, czego pragniesz. Teraz zrobi się naprawdę ekscytująco. Pielęgnowanie energii, przynajmniej dla mnie, okazało się przypominać kulę śnieżną. Zaczynam od ziarenka pragnienia, które karmię na

Notatki

1. Które techniki zabezpieczające chcesz jak najszybciej wypróbować? Dlaczego?
2. Czy którejś z nich nigdy byś nie wypróbował? Dlaczego nie?
3. Co myślisz na temat mówienia „nie" w odniesieniu do rzeczy, które nie służą twoim wartościom?
4. Rozważ złożenie sobie obietnicy, że w tym tygodniu uszanujesz cel swojej duszy, mówiąc „nie" czemuś, co jest niezgodne z twoimi wartościami, ale na co zazwyczaj zgodziłbyś się z powodu poczucia winy, lęku albo zobowiązania.

miarę swoich możliwości i chronię, a ono rośnie gwałtownie i wypełnia mnie wielkim potencjałem, którego nigdy się nie spodziewałam. Naprawdę dobre jest to, że to nietrudne, a efekty widać szybko, łatwo więc zachować motywację i kontynuować praktykę.

PIELĘGNOWANIE

Oczyszczanie i zabezpieczanie są ważne i niezbędne. Pielęgnowanie byłoby bezcelowe, gdybyśmy nie mieli czystej podstawy i bezpiecznej przestrzeni dla nowej energii. Ale muszę przyznać, że pielęgnowanie to moja ulubiona część pracy energetycznej. Może dlatego, że w głębi serca jestem twórczynią... tak naprawdę wszyscy ludzie są twórcami. Rodzimy się, żeby manifestować rzeczywistość i już jako dzieci odczuwamy dumę i podekscytowanie z tego, co stworzyliśmy. Praktyki pielęgnujące pozwalają nam wybrać energię, którą przejawimy w życiu i świecie. Następnie odżywiamy ją, co obejmuje eliminowanie wszystkiego, co ją osłabia, a wspieranie tego, co wzmacnia.

Kiedy pielęgnujemy energię w oczyszczonym, zabezpieczonym ciele, mamy możliwość tworzyć samych siebie. Pielęgnowanie to akt twórczy. Celowo używam słowa *pielęgnować* zamiast *utrzymywać*, ponieważ to drugie sugeruje utrzymywanie *status quo*. Jako ludzkie dusze zbierające doświadczenia fizyczne mamy być ciągle w ruchu, ciągle się zmieniać, ciągle dążyć do swoich ideałów.

Praca z energią jest niesamowicie aktywna, ponieważ nieustannie uwalniamy się i tworzymy na nowo. Przestrzeń pomiędzy starym a nowym sobą – inaczej mówiąc, ta konkretna chwila i każda chwila – to przestrzeń, w której masz okazję stworzyć swoje przyszłe ja, a także wpłynąć na przyszłość świata.

Mówi się, że przeszłość wpływa na przyszłość i rzeczywiście tak jest. Jednak przeszłość jest równie plastyczna jak przyszłość. Możemy wybrać historię, którą opowiadamy, mówiąc o swojej przeszłości, a analizowanie tych opowieści stanowi część dobrej pracy energetycznej. To my siejemy ziarna, które zakiełkują w naszej przyszłości. Co więcej, ponieważ moje koncepcje są tak głęboko zakorzenione w zasadzie „jak na górze, tak na dole", techniki te często są korzystne nie tylko dla ciała energetycznego, ale także fizycznego i życia codziennego.

Niektóre z omówionych poniżej punktów różnią się od tych dotyczących oczyszczania i zabezpieczania. Poprzednie fragmenty opisują konkretne techniki, które można zastosować w wielu różnych sytuacjach. Pielęgnowanie energii wymaga jeszcze bardziej zindywidualizowanego podejścia. Przedstawione tu kategorie opisują rewelacyjne pomysły na pielęgnowanie energii. Dokładniej rzecz ujmując, omówimy związek tego, co konsumujesz – zarówno fizycznie, jak i mentalnie – z harmonią energetyczną. Nasz dobytek odgrywa pewną rolę w pracy energetycznej. Przekonamy się, że chaos i wdzięczność mogą posłużyć jako użyteczne narzędzia. W końcu odkryjemy wagę systematycznej praktyki i moc umysłu. Ale najpierw przyjrzymy się dwóm podstawowym praktykom – pracy z oddechem i kryształami – o których mówiliśmy w rozdziale poświęconym oczyszczaniu. Są proste i skuteczne, a także stanowią świetny sposób na natychmiastowe rozpoczęcie pielęgnowania tej energii, której pragniesz.

1. Praca z oddechem

Omówiliśmy już pracę z oddechem, więc nie musimy zagłębiać się w szczegóły. Jak wiesz, do oczyszczania energii używa się wydechu. Podczas oczyszczania robiliśmy przerwę po wydechu. Teraz pielęgnujemy energię, czyli ją przyciągamy, więc skupimy się na wdechu. Cudownie jest połączyć oczyszczanie i pielęgnowanie w pracy z oddechem, bo naprawdę idą ręka w rękę. Można oczyścić przestrzeń energetyczną i natychmiast wypełnić ją tym, czego się potrzebuje. Na przykład można wydychać niepokój, a wdychać spokój.

Zanim zaczniesz, określ energię, którą chcesz pielęgnować albo wprowadzić do swojego ciała. Tutaj przydaje się skupienie na konkretnej energii, a nie po prostu „dobrej" czy „złej". Uczysz się pielęgnowania dokładnie tego, czego sobie życzysz.

Używając oddechu do pielęgnowania energii, stosuj się do tych zasad:

1. Rób wydech, licząc do trzech.
2. Rób wdech, licząc do pięciu.
3. Wstrzymaj oddech, licząc do trzech, czterech albo pięciu.

To zatrzymanie oddechu wprowadza energię, o którą prosisz. Powtórz te powolne, celowe oddechy kilka razy, wykorzystując wdech do rozbicia zastałej energii. Po ostatnim oddechu wstrzymaj się z wdechem na tak długo, jak ci się uda – ale nie na dłużej, niż zajmie ci policzenie do pięciu.

2. Kryształy

Tak jak w przypadku pracy z oddechem, o kryształach również już rozmawialiśmy. Wspomnieliśmy, że niektóre świetnie oczyszczają i uziemiają, a teraz opiszę kilka mających cudowną energię, którą można wprowadzić do swojego życia. Powszechnie używany jest kwarc różowy, ponieważ mówi się, że promieniuje energią pełną miłości. Ja używałam cytrynu do pielęgnowania radości i obfitości. Kamień księżycowy wspaniale spisał się do rozwoju intuicji. W tym przypadku do określenia, które kryształy zapewnią ci poszukiwaną energię, również pomocna będzie dobra książka na ich temat albo po prostu spędzenie czasu z różnymi kamieniami.

Używanie kryształu do pielęgnowania energii jest łatwe. Po prostu noś go w torebce, plecaku albo kieszeni. Czasami można naleźć również biżuterię z różnymi kamieniami, która jest nie tylko praktyczna, ale i ozdobna.

3. Świadomy konsumpcjonizm

To szeroki temat, więc poświęcimy mu sporo czasu. Żyjemy w świecie, który uczy nas, że naszym najważniejszym działaniem jest konsumowanie. Niemal niemożliwe jest wyzwolenie się od tej tożsamości, ale możemy zacząć od zwracania baczniejszej uwagi na to, co wprowadzamy do swojego życia na poziomie fizycznym, mentalnym i energetycznym. Zastanów się nad wszystkim, co konsumujesz i zapytaj się, czy jest to korzystne dla energii, którą chcesz wspierać, czy może jednak tworzy albo wzmacnia całkiem inną. Innymi słowy, czy konsumpcja danej rzeczy przybliża cię do życia w zgodzie z wyznawanymi przez ciebie wartościami, czy jednak tworzy rozdźwięk pomiędzy twoimi działaniami a przekonaniami? Rozważając energetyczną wartość czegoś, nad skonsumowaniem czego się zastanawiasz, nie zapominaj, że na jego energię składają się również miejsce i sposób wytworzenia. To znaczy: metody produkcji i konsekwencje, jakie za sobą pociągają, wchodzą w skład energii tej rzeczy.

Zacznijmy od razu od tego, o czym wszyscy myślą, od tego słonia w salonie: mediów – zarówno społecznościowych, jak i masowego przekazu. Wszyscy znamy media społecznościowe, nawet jeżeli nie mamy na żadnym konta. Kiedy piszę „media masowego przekazu", mam na myśli wszelkie wiadomości, marketing i rozrywkę, czy to w formie audio, wideo, drukowanej czy on-line.

Wyobraź sobie wszystko, co konsumujesz – a wystarczy, że zerkniesz na pełen nienawiści mem na Instagramie, żebyś go skonsumował – jako cząstki energii, które próbują przeniknąć twoje ciało energetyczne. Już sama liczba bodźców, na których działanie wystawiamy się codziennie, sprawia, że utrzymanie granic i czystości ciała energetycznego jest trudne, jeżeli wręcz nie niemożliwe. Wyobraź sobie jakość energii, którą przekazuje ci każdy bodziec. Kiedy przeglądasz nagłówki i zdjęcia, możesz mieć wrażenie, że każde z nich jest tak małe, iż nie może mieć na ciebie wielkiego wpływu.

A jednak wpływ ten kumuluje się. Możesz wykorzystać to na swoją korzyść, mądrze wybierając konsumowane treści mediów tak, żeby zasilać ten rodzaj energii, którą chcesz pielęgnować. Jeżeli bodźce, na których działanie się wystawiasz, są głównie podburzające, czarno-białe, umyślnie prostackie i płytkie, czy na pewno odżywiają tę energię, która w najlepszy sposób wyraża cel i wartości twojej duszy?

Odbyłam kilka interesujących dyskusji na temat roli, jaką w naszym życiu odgrywają wiadomości. Kiedy mówię, że trzymam się z daleka od większości źródeł informacyjnych, wielu moich znajomych i krewnych protestuje, ponieważ uważają, że należy wiedzieć, co dzieje się na świecie, żeby być dobrym obywatelem. Zgadzam się, ale dla mnie „dobry obywatel" to ktoś, kto jest czynnie zaangażowany we wspólne życie społeczeństwa.

Większość znanych mi osób, które mówią, że obsesyjnie chłoną wiadomości, jest tylko biernymi konsumentami, a nie czynnymi uczestnikami. Oglądają coś albo czytają i to, co ktoś zrobił komuś innemu, naprawdę mocno wytrąca ich z równowagi. Przyjęli nagłówek i historię, które były specjalnie tak skonstruowane, żeby wywołać jak najsilniejszą reakcję emocjonalną, więc przyjęli truciznę i na nią zareagowali. Stała się ona częścią ich ciała energetycznego, chyba że ją z niego usuną. Większość z nas się nie oczyszcza... albo mówimy, że to robimy, kiedy dajemy upust naszemu oburzeniu bądź wygłaszamy tyrady. To nie jest oczyszczanie. To rozprzestrzenianie tej energii dalej po świecie. Moim zdaniem to nie jest zachowanie dobrego obywatela. Jeżeli nie jesteś pewny, czy jesteś dobrym obywatelem czy biernym konsumentem, przeprowadź następujący eksperyment.

Kiedy w najbliższym czasie jakiś nagłówek albo jakaś historia mocno cię zirytuje bądź sprowokuje do złośliwego lub oceniającego komentarza, zapisz to na papierze albo komputerze. Umieść tę notatkę w kalendarzu tak, żeby odczytać ją za trzy miesiące. Często wykorzystuję do tego celu Outlook, program pocztowy, ponieważ umożliwia mi on ustalanie zadań, które pokazują mi się danego dnia na pulpicie. Gdy odczytasz tę notatkę po trzech miesiącach, dopisz do niej wszystkie kroki, jakie aktywnie podjąłeś, żeby zmienić tę sytuację, albo wszystkie sposoby, na jakie ta wiedza wpłynęła na twoje zachowanie. Większość z nas przekona się, że po przyjęciu trucizny i ewentualnym rozprzestrzenieniu jej na innych nie zrobiliśmy absolutnie nic. W takim przypadku bycie poinformowanym w najmniejszej mierze nie wpłynęło pozytywnie ani na nas, ani na otaczający nas świat. Bądź rozważny i ostrożny – a przede wszystkim, bądź szczery – w kwestii tego, jakie media konsumujesz i dlaczego.

Kiedy zaczniesz unikać rzeczy, które mogą cię zatruwać, ostrożnie wybieraj to, co przyjmujesz, żeby cię odżywiało. Proces selekcji powinien uwzględniać nie tylko treść i temat, ale również metodę przekazu wiadomości. Jedną z pułapek obecnego środowiska jest prześlizgiwanie się po temacie zamiast zagłębiania się w nim. Zamiast przeczytać książkę na jakiś temat, przeglądamy tytuły i wpisy na Twitterze. FOMO (ang. *fear of missing out*), czyli lęk przed przegapieniem czegoś, popycha nas do konsumowania informacji z zawrotną prędkością z lęku przed byciem ostatnią osobą, która się o czymś dowie. Smutne jest to, że te nagłówki, wpisy i tym podobne są formułowane z myślą, żeby wywołać automatyczne reakcje, a nie przemyślane odpowiedzi. Istnieją po to, żeby wywoływać w tobie nieustanny niepokój i martwić cię bez zapewniania faktów czy analizy krytycznej. W zasadzie jest tak, że nasze ciało mentalne jest zmuszane do życia na śmieciowym jedzeniu, a podobnie jak ciało fizyczne na podobnej diecie, ciało mentalne staje się ślamazarne, zaś mięśnie odpowiedzialne za wnikliwość przestają być używane. Odnajdź studnię, która będzie cię odżywiać, i pij z niej na zdrowie.

Kolejne niebezpieczeństwo płynące z chłonięcia niekontrolowanych treści z mediów to myślokształty, które omówiliśmy już wcześniej. Jeżeli przyjmie się wystarczającą ilość konkretnej energii, może się ona w nas zagnieździć i wpływać na nas swoją wolą, ograniczając naszą. Albo jeszcze gorzej, zamiast stać się myślokształtem – który, na nasze szczęście, jest osobnym bytem –

energia ta może przeniknąć nasze ciało energetyczne i zmienić nas w sposób, którego nie wybraliśmy świadomie i który najprawdopodobniej nie odzwierciedla naszych prawdziwych wartości ani nie wypełnia celu naszej duszy.

Media nie są jedynym rodzajem konsumpcji, która wpływa na ciało energetyczne. Decyzje o nabyciu produktów fizycznych niosą ze sobą energetyczne konsekwencje dla otoczenia oraz nas samych. Kiedy wspieramy firmy, których praktyki nie pasują do naszych najgłębszych wartości, odsuwamy się od nich w stronę tych drugich. Czynność nabycia przedmiotów od firm tworzy sznury pomiędzy nami a tymi firmami. Co więcej, używamy swojej energii do wsparcia i zasilenia celów i działań tych firm.

Kiedy myślę o wszystkich rzeczach, które kupuję w ciągu roku, czuję się przytłoczona. To taka ważna i tak skomplikowana odpowiedzialność. Niemal łatwiej pomyśleć: „Och, nigdy nie uda mi się dojść, co jest czym, i kodeksy etyczne których firm są podobne do mojego, więc w ogóle nie będę się tym przejmować". Takie podejście towarzyszyło mi latami. Na szczęście odkryłam inny sposób patrzenia na wszystko, który jest mniej przytłaczający, bardziej realistyczny i – co najważniejsze – prowadzi mnie w odpowiednim kierunku, nawet jeżeli małymi krokami. Raz na kwartał wybieram jedną rzecz – tylko jedną – którą zamierzam zmienić w swoich nawykach zakupowych. Dokonywanie zaledwie jednej zmiany na trzy miesiące daje mi czas na określenie jej realności i wyrobienie nowego nawyku, zanim przejdę dalej. Daje mi również czas na przemyślenie wszystkich konsekwencji tej zmiany.

Na przykład niedawna zmiana w moim życiu dotyczyła spożywanego przeze mnie jedzenia, zwłaszcza mięsa i jaj. Nie jem zbyt dużo mięsa, więc nie wydawało się to przytłaczające i przejście poszło gładko – znalezienie źródeł mięsa z etycznego chowu nie jest trudne. Jednak po sześciu tygodniach zorientowałam się, że wciąż kupuję te same wędliny, jakby nie znajdowały się one w kategorii „mięso". Kiedy już to sobie uświadomiłam, zmieniłam to. Danie sobie odpowiedniej ilości czasu na przyswojenie zmiany sprawia, że odczuwam mniej stresu, pozwala mi być dokładną i zmieniać plan w razie potrzeby, a także sprawia, że zmiana staje się prawdziwą praktyką.

Niechęć do wspierania wielkich ferm traktujących zwierzęta w potworny sposób stanowiła zewnętrzny powód, dla którego zmieniłam tę konkretną praktykę, ale istniała również przyczyna wewnętrzna tej zmiany. Moja żona jechała samochodem przez Kansas i dowiedziała się o istnieniu tuczarni. Nigdy nie wiedziałam, czym one są, chociaż słyszałam wcześniej to słowo. Są to miejsca, w których zwierzęta są trzymane i karmione przez kilka ostatnich miesięcy, zanim zostaną zabite. Wydaje się, że te ostatnie miesiące są po prostu makabryczne. Mogę sobie tylko wyobrazić, że mięso pochodzące od zwierząt, które doświadczyły takiego życia i śmierci, pełne jest bólu ich egzystencji. Może to być niedorzeczne, ale ja czuję, że jest tak naprawdę. A nie chciałam jeść bólu. Teraz więc nie tylko wspieram firmy podzielające moje wartości, ale również wprowadzam energię (zarówno fizyczną, jak i metafizyczną), która odżywia moje ciało fizyczne i energetyczne w sposób odpowiedni dla mnie, a przynajmniej tak uważam.

Łatwo wprowadzić zmiany w konsumpcji żywności, zwłaszcza jeżeli wybierze się tylko konkretny typ albo jedną grupę pożywienia. Dzięki temu wspieramy zarówno wewnętrzne, jak i zewnętrzne cele energetyczne. Jednak wybory konsumenckie nie ograniczają się wyłącznie do produktów spożywczych. Wszystko, co kupujemy, wszelkie usługi, z których korzystamy, można przeanalizować i zmienić tak, żeby lepiej pasowały do naszych celów. Ja wprowadziłam takie zmiany nie tylko w obszarze mediów i pożywienia, ale również ubrań. Jeżeli są one szyte w sposób, który wiąże się z wykorzystywaniem ludzi albo zubożaniem ziemi bez zważania na jej odbudowanie, niosą ze sobą tę energię. Owijasz ciało energetyczne energią tych ubrań. Staraj się jak najczęściej wybierać energię takiej jakości, która jest zgodna z tym, co chcesz konsumować.

Kilka obszarów, których poruszenie mnie stresuje, to produkty do pielęgnacji włosów i przybory plastyczne. Piszę o tym, żeby pokazać ci, że to nie jest praktyka z rodzaju „wszystko albo nic”. Każdy krok, nawet najmniejszy, jest korzystny i na dłuższą metę pociągnie za sobą szersze konsekwencje. Nie zawsze jest łatwo i nigdy nie jesteśmy doskonali, ale zawsze możemy przybliżyć się do osoby, którą chcemy się stać. Nie trzeba nawet być idealnym, żeby napisać książkę na dany temat. Wszyscy tkwimy w tym razem, w miarę możliwości szukamy swoich ścieżek i pomagamy sobie nawzajem.

Perfekcjonizm to bardzo często podstępna koncepcja, ponieważ wywołuje w nas poczucie porażki albo sprawia, że się poddajemy. Jako że przez większość życia z oddaniem goniłam za perfekcją, doskonale wiem, jakim jest ona ciężarem. Co ważniejsze, rzadko wspierała mnie w byciu najlepszą wersją siebie w sposób przyjemny. Wspomniana wcześniej ciekawostka na temat samolotów naprawdę trafiła w czuły punkt. Jak pamiętasz, kiedy samolot znajduje się w powietrzu, przez 90 procent czasu nie znajduje się na właściwej trasie, pozostałe 10 procent spędzane jest przez pilotów na korygowaniu kursu. Oznacza to, że samoloty ani przez chwilę nie lecą dokładnie zgodnie z kursem, a jednak niemal zawsze docierają do celu. Możemy wyciągnąć z tego naukę. Nasze ideały i wartości to miejsce, do którego chcemy dotrzeć. Podróż do niego nie będzie gładka i idealna. Raczej uczymy się korygować kurs naszych myśli i działań w życiu z lekkością i miłością.

4. Wszystkie twoje rzeczy

Naprawdę kochamy swoje rzeczy. Czasami z powodu ich piękna, użyteczności albo wartości sentymentalnej, a czasami dlatego, że zostaliśmy tego nauczeni. Każe się nam ciężko pracować w szkole, żeby dostać dobrą pracę i móc kupić wszystko, co sprawia, że warto żyć, albo pokazuje, jak bardzo nam się powodzi. W tym podrozdziale rozważymy, co mówią o nas nasze rzeczy, jak o nie dbamy i dlaczego w ogóle je kupiliśmy.

Przyznajmy, że nasza relacja z dobytkiem jest skomplikowana. Przez dziesięciolecia uczono nas, że im więcej, tym lepiej, a najnowsza wersja jest lepsza od starszej, chyba że mowa o unikatowym antyku, który dużo kosztuje. W istocie większość przedmiotów jest obecnie robiona tak, żeby je zastępować, a nie naprawiać, co napędza konsumpcjonizm kapitalistyczny. Wydaje się, że kiedy zbliża się on do maksymalnej prędkości, popularność zyskuje interesujący trend: minimalizm. Wahadło wychyla się więc ku drugiej skrajności, gdy niektórzy minimaliści ubiegają się o miejsce na podium wśród ludzi, którzy posiadają najmniej.

W przypadku posiadania przedmiotów, tak jak w każdym innym, najlepiej służy nam równowaga. Liczba posiadanych rzeczy to wyłącznie twój wybór, nie istnieje idealna, ustalona wartość, która wspiera zdrowie energetyczne. To każdy z nas musi myśleć o energii nabywanych rzeczy i ustalać nie tylko to, czy ta konkretna energia odżywia go w sposób, który zbliża go do jego ideałów, ale także jak te rzeczy działają łącznie.

Gdyby ktoś z zewnątrz spojrzał na ogół twojego dobytku, jaką historię mógłby o tobie opowiedzieć? Osoba mająca mnóstwo ubrań i przyborów do pielęgnacji, ale niewiele książek, albumów muzycznych, rzeczy związanych z kulturą i hobby może koncentrować całą swoją energię na wyglądzie zewnętrznym, a zaniedbywać życie wewnętrzne. Ktoś otoczony stosami książek i dokumentów, ale z pustymi szafkami kuchennymi, może kierować całą energię do ciała mentalnego, za to zaniedbywać świat fizyczny, który jest równie ważny, jak ten energetyczny. W rzeczywistości wszystko jest ze sobą połączone i wartościowe. Zatem nie tylko pojedyncze rzeczy wpływają na naszą energię, ale suma całego naszego dobytku tworzy nasze środowisko energetyczne.

Zaczynając od szerszego obrazu, postaraj się dostrzec, jaką opowieść ukazują twoje rzeczy na temat ciebie, twoich przekonań i ideałów. Jeżeli któryś obszar okaże się problematyczny, czyli sprzeczny z twoimi wartościami, najlepiej będzie zacząć od niego. Zapytaj sam siebie, dlaczego poświęciłeś tyle pieniędzy i przestrzeni na rzeczy, które nie odzwierciedlają tego, kim chcesz być. Ustal, co możesz puścić, albo jakiego rodzaju oczyszczania energetycznego potrzebujesz, żeby to zrobić. Może się okazać, że uwolnisz cały zbiór albo znaczną liczbę jakichś rzeczy w tym obszarze. Następnie przejrzyj dom, samochód i przestrzeń w pracy w poszukiwaniu rzeczy, które nie pasują do osoby, którą chcesz być, i wykorzystaj je do lepszego poznania siebie, swoich ran i założeń. Jeżeli wykonujesz te zadania w miarę czytania, uważaj, żeby nie postąpić zbyt ekstremalnie i nie przeprowadzić czystki od razu. W tej chwili po prostu kierujesz uwagę na to zagadnienie. W czasie dalszej lektury dowiemy się więcej o konkretnych obszarach pielęgnowania i opracujemy określone techniki umożliwiające uważne zorganizowanie swojego otoczenia.

Zdrowe otoczenie będzie inne dla każdej osoby. Ale pamiętaj, że energia ma płynąć, więc każde zbyt zapełnione miejsce może powodować zastój. Ilość ruchu może różnić się w zależności od osoby i etapu jej życia. Miałam kiedyś znajomego, który wynajmował maleńkie mieszkanie na dolnej kondygnacji swojego domu. Znajdowało się ono częściowo poniżej poziomu gruntu i przypominało łono matki. Sprawiało wrażenie bezpiecznego miejsca bez natężonego ruchu energii, ale też nie całkowicie go pozbawionego, po prostu ruch ten był powolny i łagodny. Przez te kilka lat wynajmowania go znajomy zauważył, że najemcami były niemal zawsze kobiety, które właśnie zakończyły długotrwałą i trudną relację, nieraz pełną przemocy. Mieszkały tam na tyle długo, żeby się uzdrowić, a później ruszały dalej. Dla nich tamta przestrzeń była idealnie odpowiednia jak na dany moment.

Z drugiej strony, jeżeli ktoś chce dokonać zmiany i popchnąć swoje życie w innym kierunku, odpowiednie byłoby uwolnienie przedmiotów związanych ze starym życiem i stworzenie mnóstwa przestrzeni dla nowej energii. W przypadku pracy z energią nie istnieje zbyt wiele reguł, które sprawdzą się dla każdego w każdych okolicznościach. Najlepiej rozwinąć własne umiejętności w rozumieniu energii i gospodarowaniu nią, żeby móc podejmować właściwe decyzje w odniesieniu do tego, gdzie się jest i gdzie chce się znaleźć.

Rzeczy, którymi się otaczasz, są ważne same w sobie. Ważne jest również to, jak je traktujesz i wykorzystujesz, jak o nie dbasz i jak o nich myślisz. Każda z nich ma własną energię. Ty masz swoją. Już samo zbliżenie się do jakiejś rzeczy powoduje, że wasze energie na siebie wpływają. Już sama interakcja – rodzaj relacji, jaką masz z rzeczami – jest rodzajem pielęgnowania energii. Czy traktujesz swoje rzeczy z troską i szacunkiem, czy rzucasz nimi i pozwalasz, żeby się brudziły albo psuły? Co to mówi o twoim stosunku wobec wartości energii, którą dana rzecz wnosi do twojego życia? Po co ci przedmioty, których nie cenisz wystarczająco wysoko, żeby o nie dbać? Środowisko energetyczne tworzy nie tylko to, co się ma, ale również to, jak się z tym obchodzi.

Istnieje mnóstwo powodów, dla których ludzie nie zastanawiają się nad tym, jak obchodzą się ze swoimi rzeczami, a nawet źle je traktują. Jeden z tych oczywistych jest taki, że rzeczy są projektowane tak, żeby nie wystarczać na długo, i albo szybko się zużywają, albo „wychodzą z mody". Z tym łatwo możemy się uporać, zadając sobie pytanie, czy jednorazowe rzeczy zbliżają nas do naszych wartości czy nas od nich oddalają.

Inna przyczyna może być taka, że dany przedmiot nas rozczarowuje, ponieważ był reklamowany jako coś, co odmieni nasze życie, a tak się nie stało. Marketing bardzo mocno opiera się na założeniu, że przedmiot fizyczny może całkowicie odmienić życie. Oczywiście istnieją takie rzeczy, jak choćby centralne ogrzewanie czy okulary. Ale nawet te wspaniałe przedmioty nie odmieniają całego życia. Nie gwarantują pełnego szczęścia.

Niezależnie od tego, jak są cudowne i jak bardzo zmieniają jakiś aspekt życia, rzeczy nie sprawią, że twoje życie ogólnie stanie się szczęśliwsze. Kiedy poszukujemy szczęścia, chcemy wierzyć, że odpowiednie jeansy, buty, perfumy, właściwy samochód czy ekspres do kawy naprawią to, co źle się układa. To nakłada nierealistyczne oczekiwania na dany przedmiot, ale to wina działu reklamy, a nie samego przedmiotu. Jeżeli masz nierealistyczne oczekiwania wobec rzeczy obecnych w swoim życiu, postaraj się zidentyfikować prawdziwe źródło potrzeby, żeby móc znaleźć to, co faktycznie ją zaspokoi.

5. Świadomie używany chaos

Większa część pracy energetycznej jest dostosowana do tworzenia spokojnego, opanowanego, stabilnego środowiska, wewnętrznego i zewnętrznego. Wiemy z doświadczenia osobistego i badań neuronaukowców, że średnia częstotliwość wibracji to zazwyczaj najbardziej optymalna podstawa wszelkich działań. Lepiej idzie nam przyswajanie faktów, dostrzeganie szerszego obrazu oraz reagowanie świadomie, a nie automatycznie. Wiemy również, że bywają sytuacje, w których musimy się wycofać, pobyć na osobności ze swoimi myślami, uczuciami i energią. Nawet kiedy żyjemy w starannie pielęgnowanym, stabilnym stanie, okazjonalne wybuchy chaosu wspierają kreatywność, rozwijają umiejętność rozwiązywania problemów i ukazują ci rzeczy z innej perspektywy. Nie musisz cierpieć z powodu stagnacji, żeby wykorzystać starannie stworzone wybuchy chaosu. Tak naprawdę sporadyczny dodatek nieoczekiwanego w życiu może stanowić część zabiegów mających na celu zapobieżenie popadnięcia spokojnej energii w stagnację. Świadoma decyzja, żeby zrobić coś inaczej, przyciąga energię trickstera.

Trickster to archetypowa postać pojawiająca się w opowiadaniach i mitach w różnych epokach i miejscach, symbolizująca – między innymi – element przypadku, trafu, zaskoczenia i chaosu. Kiedy świadomie zapraszamy tę energię do swojego życia, istnieje mniejsze prawdopodobieństwo, że nas niemile zaskoczy. Jeżeli zrobimy się zbyt stateczni, czasami wszechświat zsyła nam kopniaka, żeby nami potrząsnąć.

Wybór wszechświata co do sposobu albo obszaru wprowadzenia tej energii w nasze życie niekoniecznie musi nam odpowiadać. Pomyśl raczej o wprowadzeniu jej w określony sposób i obszar samemu. Artyści robią to cały czas, podejmując różne wyzwania, polegające na przykład na używaniu tylko konkretnych kolorów, przypadkowych inspiracji albo wypróbowywaniu nowych technik czy środków wyrazu.

Można to osiągnąć w prosty sposób. Na przykład, jeżeli zawsze chodzisz wokół osiedla w określonym kierunku, zmień go. Może się to wydawać głupie, ale naprawdę działa, przynajmniej w moim przypadku. Zabieram psa na spacer wokół jeziora w pobliżu naszego domu. Zawsze idziemy w kierunku przeciwnym do ruchu wskazówek zegara. Bez powodu. Po prostu tak zaczęliśmy i nigdy tego nie zmieniliśmy, aż pewnego dnia pomyślałam, że interesujące będzie przekonać się, jak to jest. Na początku czułam się trochę niekomfortowo, ale po jakimś czasie okazało się to ożywcze. Przez cały dzień czułam inspirację do postrzegania wszystkiego z innej perspektywy.

Spróbuj sam. Wybierz inną drogę do pracy. Napisz list zamiast SMS-a albo wiadomości elektronicznej. Wykonaj całkiem inny zestaw ćwiczeń albo asan. Przeczytaj książkę z gatunku, jakiego zwykle nie czytasz. Zrób przedziałek po drugiej stronie głowy. Załóż dwie różne skarpetki albo dwa różne kolczyki. Siądź na innym krześle albo innym kawałku kanapy. Niezależnie od tego, co postanowisz wypróbować, zrób to świadomie, zwracaj uwagę na energię i zauważ, jak się zmienia. Dzięki eksperymentom odkryjesz sposoby, których możesz używać od czasu do czasu, kiedy masz potrzebę precyzyjnego wstrząśnięcia czymś.

6. Wdzięczność

Większość z nas słyszała o ogromnej mocy wyrażania wdzięczności, a wielu z nas widziało jej efekty w życiu swoim bądź innych. Mam przyjaciółkę, która przez dwa lata co piątek spisywała przynajmniej trzy rzeczy, za które była wdzięczna. Żeby mieć pewność regularnego wykonywania tego ćwiczenia, co tydzień wysyłała mi swoją listę. Miesiące mijały, a na jej liście znajdowało się średnio po dziesięć pozycji. Przyjaciółka zaczęła tę praktykę w czasie, kiedy różne rzeczy w jej życiu rozpadały się, więc potrzebowała deski ratunkowej, której mogłaby się trzymać do czasu, aż wszystko się uspokoi. Ale nawet kiedy odzyskała już grunt pod stopami, nie przerwała praktyki, bo korzyści z niej płynące były namacalne.

Kilka razy wspominałam już o hermetycznej zasadzie korespondencji. Również prawo przyciągania jest przydatną zasadą, kiedy się je zrozumie i nie będzie go wykorzystywać do usprawiedliwiania konsumpcjonizmu albo eskapizmu. Wyjaśnia to, dlaczego praktyka wdzięczności jest tak potężna. Nie tyle chodzi o konkretne rzeczy, na których się skupiamy i za które odczuwamy wdzięczność, ile o akt jej wyrażenia. Kiedy twoja energia wibruje na poziomie wdzięczności, przyciągasz więcej możliwości wyrażania tej ostatniej. Pielęgnując wdzięczność, uczysz się patrzeć na świat innymi oczyma. Uczysz się odnajdować we wszystkim błogosławieństwo.

7. Moc drobnych, systematycznych działań

Już o tym wspominałam, ale ta koncepcja jest tak ważna, że powinniśmy poświęcić jej trochę czasu. Tak jak nie myjemy zębów, nie jemy, nie ćwiczymy ani nie śpimy tylko raz w życiu, tak nie oczyszczamy, nie zabezpieczamy i nie pielęgnujemy ciała energetycznego pojedynczym działaniem. Energia ogólnie, a nasze ciało energetyczne w szczególności, to żywa istota i jako taka wymaga systematycznej uwagi, żeby rozkwitać. Mimo że ten punkt znajduje się w podrozdziale nazwanym *Pielęgnowanie*, tak naprawdę obejmuje również oczyszczanie i zabezpieczanie. Skoro wszystko jest połączone, nie zawsze łatwo jest oddzielić różne aspekty. Podział z pewnością ułatwia wyjaśnianie złożonych koncepcji czy opisywanie, jak coś robić, ale łatwo jest z nim przesadzić nawet wtedy, gdy nie jest najlepszym sposobem na przedstawienie czegoś. W najszerszym znaczeniu pielęgnowanie obejmuje oczyszczanie i zabezpieczanie energii.

Mamy tak zapracowane życie, że pomysł dodania jeszcze jednego zadania do grafiku albo wpisania kolejnego zadania na listę rzeczy do zrobienia wydaje się niemożliwy do zrealizowania. To jeden z tych aspektów współczesnego życia, który tak bardzo utrudnia pracę z energią, jednocześnie jednak właśnie z jego powodu jest ona tak istotna. Na szczęście świadomość energii można wprowadzić do życia naturalnie, nakładając ją na rzeczy, które i tak już codziennie robimy.

W miarę rozwijania osobistej praktyki energetycznej pamiętaj, że na dłuższą metę drobne, systematyczne działania skuteczniej wywołają większe i głębsze zmiany niż jeden wielki czyn. Bardziej sensowne może ci się wydawać postrzeganie pracy energetycznej jako naturalnej, nieodłącznej części codziennego życia, a nie jako skomplikowanego rytuału obejmującego kilka technik, który zajmuje codziennie ponad piętnaście minut i musi być wykonywany w konkretnym miejscu o konkretnej porze.

W zasadzie, jeżeli wolisz, to nie zaczynaj od wymagania od siebie robienia czegokolwiek codziennie. Znajdź natomiast jakiś wzorzec powtarzający się regularnie, chociaż niekoniecznie każdego dnia, który chciałbyś zmienić. Na przykład, jeżeli tak jak ja zaczynasz się skrajnie niecierpliwić, kiedy czekasz w kolejce albo korku, obiecaj sobie, że zaczniesz wtedy pracę z oddechem. Za każdym razem, kiedy chodzisz, nawet po korytarzach w firmie albo alejkach w sklepie, możesz uwalniać energię. Wizualizację można robić podczas mycia zębów albo naczyń czy składania prania. Zacznij od jednej rzeczy i pozwól, żeby stała się częścią twojego życia. Unikaj dodawania sobie stresu albo presji związanych z dokonywaniem ogromnych zmian czy działań, które wydają ci się obce bądź nienaturalne. Twoja energia jest naturalna. Ty jesteś naturalny. Niech twoja relacja z energią rozwinie się naturalnie i spokojnie. Poznawaj ją powoli, niczym osobę, która zostanie twoim najlepszym przyjacielem. Obiecuję, że dodanie zaledwie jednej techniki energetycznej poprowadzi cię we właściwym kierunku.

8. Modlitwa, kontemplacja, medytacja

Wiele przedstawionych tu technik pielęgnujących jest skupionych na środowisku zewnętrznym, ponieważ wierzę, że jest ono odzwierciedleniem naszego życia wewnętrznego, a także że wpływa na nasze doświadczenie wewnętrzne. Ta relacja symbiotyczna działa w obie strony. Myśli, które pojawiają się w twoim umyśle, możesz puścić, by płynęły w swoją stronę, albo zaprosić, poświęcić im swoją uwagę, karmić je… krótko mówiąc, możesz je żywić, żeby rosły w siłę i coraz mocniej oddziaływały na twoją energię. To może działać na twoją szkodę albo korzyść. Nie wiem, jak ty, ale ja mam w tym ogromną wprawę. Przypadkowa, okropna myśl może wpaść mi do głowy, a ja ją łapię i karmię przymusowo z taką obsesją, jakiej jeszcze nigdy nie widziałeś. Po chwili mam w głowie tysiąc najczarniejszych scenariuszy, które wypełniają mnie energią niepokoju i lęku, aż w końcu mam wrażenie, że tylko z niej się składam. Jeżeli kiedykolwiek coś takiego zrobiłeś, głowa do góry, bo oznacza to, że masz doskonałe umiejętności. Przy odrobinie świadomej kontroli i dyscypliny uda ci się przekierować swój talent na pielęgnowanie energii, która przybliża cię do twoich ideałów.

Istnieją pewne różnice pomiędzy modlitwą, kontemplacją a medytacją, ale wszystkie te praktyki koncentrują energię mentalną na czymś konkretnym: obiekcie naszej modlitwy, kontemplacji bądź medytacji. Nauczyciele jogi i medytacji uczą, że jeżeli umysł próbuje odciągnąć naszą uwagę, to należy zdać sobie sprawę z tego, iż myśli to jedynie sugestie. Sam fakt, że umysł podsuwa ci jakąś sugestię, nie oznacza jeszcze, że musisz ją wykorzystać. Zamiast tego możesz skierować uwagę na oddech. Nieważne, czy praktykujesz jogę czy po prostu zajmujesz się codziennymi sprawami, możesz zdecydować, którym myślom poświęcić energię, a które zignorować. Jako praktyka pielęgnująca, modlitwa, kontemplacja, medytacja czy nawet prowadzenie dziennika daje ci możliwość świadomego i uważnego wyboru koncepcji albo rodzaju energii i karmienia jej.

Tak jak wiele aspektów pracy z energią, angażowanie się w modlitwę, kontemplację albo medytację działa w dwie strony. Skupiając się na wybranej wartości albo idei, powiedzmy: przebaczeniu, odżywiasz energię przebaczenia w ciele energetycznym. Jednocześnie modląc się o przebaczenie albo myśląc o nim, więcej się o nim uczysz – o jego zawiłościach, przeróżnych sposobach jego przejawiania, jego konsekwencjach i możliwościach. Staje się w tobie silniejsze i lepiej je rozumiesz. Łączenie ogromnej energii mentalnej i umiejętności ze swoimi wartościami to bardzo łatwy i skuteczny sposób pielęgnowania tego rodzaju energii, której pragnie się w swoim życiu. Wszyscy wiemy, jak myśleć. Co więcej, jeżeli znasz z autopsji to zagadnienie obsesji na punkcie listy najczarniejszych scenariuszy, naprawdę dobrze wiesz też, jak myśleć. Niczym dzieci z książek o Harrym Potterze, które mają magiczną moc, ale o tym nie wiedzą albo nie wiedzą, jak ją kontrolować ani jak nią kierować, potrzebujesz tylko trochę wskazówek, trochę dyscypliny i mnóstwo ćwiczeń. Możesz dać sobie to wszystko. Kierując się swoimi wartościami, postanawiając zacząć kontrolować swoją energię i opracowując praktykę, która wpasowuje się w twoje życie, możesz mistrzowsko pielęgnować energię, która najlepiej będzie służyła celowi twojej duszy.

Notatki

Który z powyższych obszarów pielęgnowania najmocniej do ciebie przemówił i dlaczego?

1. Czy któryś z nich chciałeś wypróbować jak najszybciej?
2. Czy któryś z nich wywołał w tobie napięcie albo sprawił, że zamknąłeś się w sobie bądź poczułeś lęk? Przekonałam się, że takie reakcje to świetne okazje do refleksji.

Wypróbuj dodanie do swojego życia jednej łatwej czynności pielęgnującej. Może to być coś tak prostego, jak wdychanie spokoju podczas irytującego spotkania, noszenie kryształu wspierającego życzliwość w działaniach, zobowiązanie się do pielęgnowania spokoju i rozluźnienia w trakcie prowadzenia samochodu albo myślenie podczas mycia zębów o czymś, za co jesteś wdzięczny.

Teraz wiesz już, co robić, żeby oczyścić, zabezpieczyć i pielęgnować swoje ciało energetyczne, więc w następnych rozdziałach omówimy to, skąd wiedzieć, które praktyki wykorzystywać w danym przypadku i dlaczego. Przekonałeś się, że praktyki te nie są trudne, ale uświadomienie sobie, kiedy i dlaczego ich używać, może stanowić większe wyzwanie. Poproszę cię, żebyś przyjrzał się sobie szczerze i ze współczuciem, i możliwe, że będziesz musiał stawić czoła lękom, ranom albo wyzwalaczom, które niewoliły cię przez całe lata. Ale jesteś odważny. Jesteś tego warty. Uda ci się to zrobić. Urodziłeś się, by być wolnym.

Rozdział 5

PRZYGOTOWANIE DO OCZYSZCZANIA

Jesteśmy bardzo złożonymi istotami, nie wiemy dużo o sobie i o tym, jak działamy. To wyjątkowo prawdziwe w przypadku pracy z energią i wszelkiej metafizyki, chociaż szczerze mówiąc, nauce zachodniej trudno uchwycić pewne rzeczy, ponieważ nie zawsze wiemy, czego nie wiemy. Zgłębiając temat, praktykując, eksperymentując i zdobywając doświadczenie osobiste, robimy wszystko, co w naszej mocy, żeby ustalić, co sprawdza się w naszym przypadku. Istnieje wiele różnych modeli ciała energetycznego i traktujących o nim filozofii. Z mojego doświadczenia wynika, że ciało fizyczne, umysł, emocje, duch i ciało energetyczne nie są od siebie wyraźnie oddzielone. Wszystko jest połączone.

Ludzie mają różnorakie teorie na temat tego, czy myśli tworzą emocje albo w jaki sposób emocje wpływają na myśli. Jak w większości przypadków prawda zapewne leży gdzieś po środku. Emocje i myśli kształtują się wzajemnie. Na podobnej zasadzie doznanie emocjonalne może doprowadzić do objawienia duchowego, które zmieni nasze myśli, a co za tym idzie – działania. Stan ciała fizycznego, przynajmniej w moim przypadku, zdecydowanie wpływa na moje emocje i myśli. Umiejętność jasnego oddzielenia różnych rzeczy czasami ułatwia ich zrozumienie, ale powinniśmy uważać, żeby nie złożyć prawdy na ołtarzu łatwości wyjaśnień. Odgórne narzucanie struktury czemuś tak organicznemu, jak holistyczne doświadczenie bycia żywym, może wyrządzić więcej szkody niż pożytku, jeżeli nie jest stosowane ostrożnie.

ZNACZENIE PRZYCZYN

Chociaż każdą z technik opisanych w poprzednich rozdziałach można wykonać dzięki autorefleksji i intuicji, nasza praca może być precyzyjna, jeżeli dokładniej rozumiemy, co dzieje się w nas na głębszym poziomie. Zagłębienie się niesie ze sobą również tę korzyść, że zwiększa prawdopodobieństwo trafienia na przyczynę pojawienia się energii, która potrzebuje oczyszczenia. Jeżeli nie zajmiesz się sednem sprawy, wpadniesz w błędne koło powierzchownego oczyszczania każdego przypadku pojawienia się danej energii. Ostatecznym celem jest oczyszczenie wszystkich poważnych problemów energetycznych powstających w wyniku doświadczeń z przeszłości, żeby jak najbardziej uwolnić się spod jej wpływu.

Praca ta wymaga czasu i zaangażowania, ale w efekcie będziesz dysponować narzędziami, dzięki którym uporasz się z codziennymi problemami energetycznymi w chwili pojawienia się ich. Oczywiście zachęcam cię do stawienia czoła poważniejszym zagadnieniom, ale polecam rozpoczęcie od drobniejszych – z kilku powodów. Mniejsze problemy są mniej przytłaczające, a uporanie się z nimi to dobry trening na przyszłość. W miarę odnoszenia sukcesów i odczuwania korzyści płynących z tych małych kroków zyskasz rozpęd i pewność siebie, zanim przejdziesz do trudniejszych spraw. Na przykład badanie zniecierpliwienia w korku prawdopodobnie okaże się łatwiejsze od uporania się z problemem dotyczącym relacji z rodzicami.

Czasami metafory pomagają w zilustrowaniu pojęć abstrakcyjnych. Wyobraź więc sobie bardzo brudny dom, nie tylko pełen rupieci, ale też i kurzu całymi latami gromadzącego się w kątach i zakamarkach oraz zalegającego na wszystkich powierzchniach. Można coś poprzesuwać, odłożyć jakieś rzeczy na miejsce, przetrzeć niektóre obszary szmatką. Będzie to lepiej wyglądać, ale dopóki nie wyrzuci się wszystkich gratów i nie usunie całego kurzu, dom nigdy nie będzie naprawdę czysty. Rupiecie przyciągają rupiecie, przez co trudniej znaleźć to, czego się potrzebuje. Życie w takim miejscu jest ciężkie i przytłaczające. Podobna sytuacja przypomina powierzchowne oczyszczanie energii poprzez okazjonalne użycie szałwii do oczyszczenia siebie albo domu – to pomoże, ale nie na głębszym poziomie i nie na długo. Jeżeli jednak przejrzysz wszystkie rzeczy i przeprowadzisz gruntowne porządki, życie będzie biegło bardziej gładko, a przestrzeń łatwiej będzie utrzymać w czystości.

W niniejszym rozdziale przyjrzymy się korzyściom płynącym z pracy z energią i jej celom. Omówimy naturę naszego cienia i wskazówek, jakie skrywa on na temat obszarów problematycznych. Wiedza ta pomoże nam w następnych dwóch rozdziałach, gdzie nauczymy się identyfikować i usuwać blokady energetyczne oraz błędne koła.

KORZYŚCI PŁYNĄCE Z PRACY Z ENERGIĄ

Prawdziwa wartość pracy z energią leży niekoniecznie w czynieniu życia prostszym, chociaż przekonasz się, że tak się dzieje, ale w umożliwieniu ci stania się osobą, którą powinieneś być od dnia narodzin. Dobra praca z energią pozwala ci być wolnym i wyrażać swoje wartości. Jest transformująca, wykorzystuje doświadczenia z przeszłości i wywołane nimi rany jako lekcje, które wzbogacają twoją teraźniejszą jaźń. Dzięki oczyszczaniu energii twoje wartości stają się wyraźniejsze, gdyż lata warunkowania przez rodzinę i społeczeństwo mogły je rozmyć. Łatwiej również uniknąć realizowania fałszywych pasji, ponieważ ujawnia te prawdziwe. Pomaga lepiej poznać samego siebie i być sobą.

Nawet jeżeli wydaje ci się inaczej, wiesz (a przynajmniej jakaś część ciebie wie), kim masz być. Opis naszej idealnej jaźni można znaleźć w najgłębiej żywionych wartościach i w najdroższych ideałach. Nikt nie powie ci, jakie one są w twoim przypadku. W miarę energetycznego usuwania wszystkiego, co oddziela cię od wyznawanych wartości, możesz zauważyć, że ewoluują i stają się bardziej szlachetne. To powszechny skutek oczyszczania energii. Jak wiemy, życie to podróż, która prowadzi nas ku naszym celom. Miejscem, do którego zmierzasz, nie jest osiągnięcie tych celów, tylko nieprzerwana relacja pomiędzy twoją obecną a przyszłą jaźnią. Autorefleksyjne działanie, jakim jest praca z energią, umożliwia ci przetrawienie starych ran, uprzedzeń i wyzwalaczy oraz przemienienie ich, co tworzy żyzną ziemię, z której wyrośnie twoja przyszła jaźń.

Kolejną korzyścią płynącą z osobistej pracy z energią, oprócz wolnego życia i określenia wartości, jest możliwość zaufania swoim pragnieniom. Tak często zachęca się nas do „podążania za pasją". Pasja i pragnienie to świetne wytyczne do kierowania życiem. Kiedy jednak nie znajdujemy się w stanie harmonii energetycznej, możemy mieć problemy, ponieważ nasze pasje są zanieczyszczone, a zatem niegodne zaufania.

W duchowości ignacjańskiej (praktyce duchowej skupionej na życiu codziennym, którą stworzył Ignacy Loyola, założyciel zakonu jezuitów) koncepcja ta nazywana jest *agere contra*, czyli „działać przeciw"; jej istotą jest pozbywanie się nieuporządkowanych przywiązań. Uporządkowane przywiązania przybliżają nas do Boga, a nieuporządkowane nas od Niego oddalają.

Na podobnej zasadzie harmonijne energetycznie pasje i pragnienia przybliżają nas do wolności i życia zgodnie z wyznawanymi wartościami, natomiast te zanieczyszczone tworzą większą przepaść. Jeżeli kiedykolwiek poczułeś się zawiedziony tą mamiącą radą, by podążać za pasją, możesz zastosować się do niej ponownie, kiedy już oczyścisz swoją energię i ponownie zaufasz swoim pragnieniom.

W naszej kulturze brakuje prawdziwych rytuałów inicjacyjnych, które pomogłyby nam przejść z dzieciństwa do dorosłości, a w konsekwencji przenosimy do niej wiele traumatycznych doświadczeń. Te stare doświadczenia tworzą rany i wyzwalacze, które powodują, że na obecne okoliczności reagujemy automatycznie zamiast świadomie. Jeżeli nie przepracujemy tych doświadczeń i nie przekształcimy ich poprzez oczyszczenie energetyczne, pozostaniemy uwięzieni w zanieczyszczonych cyklach zachowań, które nie wyrażają naszych wartości ani ideałów. Pozostajemy przywiązani do przeszłości i nie możemy doświadczyć prawdziwej wolności.

Nawet jeżeli wiemy, jakie traumatyczne wydarzenia są przyczyną naszych problemów, niejednokrotnie wykorzystujemy tę wiedzę jako wymówkę dla naszych zachowań. Ta wiedza to jednak nie wymówka, a jedynie wyjaśnienie. Jako dorośli mamy obowiązek zrozumieć swoje problemy i je przekształcić. Przyznaję, że to nie zawsze łatwe. Rany bolą. Traumy z przeszłości to przerażające doświadczenia. Poza tym, kiedy jako dorośli znajdujemy się w bezpiecznym miejscu, może być nam trudno pozostać w pełni obecnym w teraźniejszości i obserwować przeszłość. Powstrzymanie głęboko zakorzenionych reakcji i utrzymanie neutralnego spojrzenia wymaga ogromnej siły. Jednak pragniemy być cali i zdrowi, przekształcić swoje rany, żyć w pełni i w wolności. Transformacja może przybrać wiele form, choćby pracy z energią. Psychologia, terapia i nastawienie na duchowość to również skuteczne metody, a ludzie często wykorzystują kilka sposobów jednocześnie. Opisana tu praca z energią czerpie z psychologii, terapii i szerokiej gamy duchowych koncepcji, tworząc uniwersalne, skuteczne podejście do gospodarowania energią.

CIEŃ

Znaczna ilość nieodpowiedniej energii, którą wytwarzamy i wyrażamy, pochodzi z naszego cienia. W tym podrozdziale ustalimy podstawową definicję cienia, która wykracza poza powszechne użycie tego słowa. Zaczniemy analizować, w jaki sposób oczyszczanie cienia uwalnia zastałą energię i ujawnia pewne części osobowości, które pozostawały ukryte. Zrozumiemy, że skarb ukryty w naszym cieniu może być inny, niż się spodziewaliśmy, oraz przekonamy się, jak istotne jest jego odzyskanie.

W psychologii często pojawia się termin „cień" na określenie tych części jaźni, które z różnych powodów umniejszyliśmy i oddzieliliśmy od swojej tożsamości. Niestety słowo „cień" kojarzy się ze słowem

„mroczny". To sprawia, że wierzymy, iż nasz cień to mroczne ja zawierające wyłącznie takie cechy, które uważamy za negatywne, jak choćby złość albo lęk. Dokładniejsze zrozumienie zagadnienia ujawnia, że cień obejmuje również cechy uważane powszechnie za pozytywne, więc wykorzystujemy termin „jasny cień" na rozróżnienie tych tak zwanych negatywnych i pozytywnych cech. Jednak decyzja o niepotrzebnym kategoryzowaniu i rozdzielaniu tych cech wszystko komplikuje i utrwala koncepcję mówiącą, że niektóre nasze części są dobre, a niektóre złe, co niekoniecznie jest trafne. Prawda jest taka, że wszystko skrywane w cieniu popadnie w stagnację.

Co więcej, cechy, które zazwyczaj identyfikujemy jako cień, są skutkiem rozdzielenia, a nie faktyczną częścią jaźni, która wymaga zintegrowania. To bardzo ważne rozróżnienie. Możemy na przykład zauważyć, że mamy problem z wyrażaniem złości, i dojść do wniosku, że w naszym cieniu kryje się właśnie ona. Prawda jest taka, że może tam być, ale nie musi. Bardziej prawdopodobne jest to, że to historia związana ze złością, a nie sama złość, skrywa prawdziwy skarb, zagubioną część nas. Niezależnie od tego, czy nazwiemy to pracą z cieniem, odzyskiwaniem duszy czy oczyszczaniem energetycznym, odzyskujemy te części siebie, których potrzebujemy, żeby stać się prawdziwym sobą. W następnych dwóch rozdziałach ważne będzie zauważenie różnicy pomiędzy historią związaną z uczuciem albo myślą a samą myślą bądź uczuciem.

Od terminu „cień" wolę „szafę cienia", którego używa szamańska nauczycielka Christina Pratt. Szafa cienia to miejsce, do którego odkłada się wszystkie straumatyzowane części siebie. Kiedy piszę o traumie, mam na myśli każde doświadczenie od drobnych przykrości po poważne doznania. Jeżeli zmagasz się z naprawdę dotkliwym urazem, aby przepracować te doświadczenia powinieneś działać z wykwalifikowanym specjalistą. Większość z nas jednak zmaga się z powszednimi traumami, z którymi potrafimy poradzić sobie sami. Sam ustal, z czym możesz poradzić sobie samodzielnie.

Kiedy pozwalamy, żeby różne sprawy kryły się w szafie cienia, pojawia się kolejny problem: urodziliśmy się ze wszystkimi częściami, których potrzebujemy, żeby żyć zgodnie z celem duszy, czyli wieść życie odzwierciedlające nasze wartości. Jednym z powodów, dla których tak trudno nam żyć zgodnie z własnymi ideałami, jest to, że brakuje nam ważnych części siebie. Wszystko – czy to będą rzeczy czy ludzie – czemu brakuje istotnych części, nie będzie pracowało zgodnie z założeniem. Dlatego też ważną – a moim zdaniem niezbędną – częścią pracy z energią jest uprzątnięcie szafy cienia. W niej właśnie znajdziesz przyczyny większości swoich automatycznych reakcji odsuwających cię od bycia osobą, którą pragniesz być. W rzeczywistości jeżeli naprawdę czujesz, że nie znasz celu swojej duszy (czyli nie potrafisz zidentyfikować swoich najgłębszych wartości), możliwe, że ta część ciebie, która go zna, została oddzielona przez traumę i ukryta w szafie cienia.

RUPIECIE W SZAFIE CIENIA ZAWIERAJĄ WSKAZÓWKI

Zanim zagłębimy się w wielce osobistą pracę polegającą na identyfikowaniu tego, co musimy uwolnić, podbuduję cię słowami zainspirowanymi przez Elizabeth Gilbert. W podcaście o nazwie *Magic Lessons* mówi ona o twórczości, ale tę mądrość można odnieść także do życia zgodnie ze swoimi wartościami, niekoniecznie twórczymi*. Gilbert pomaga ludziom odkryć, wyrażać, rozwijać swoją twórczość i uzyskiwać do niej dostęp. Kiedy znajdujemy wymówki przekonujące, że stworzenie przestrzeni do wyrażania twórczości w życiu jest niemożliwe, Gilbert sugeruje, że musimy zakochać się w swojej kreatywności. Ja mówię, że musimy zakochać się w swoich ideałach. Gilbert zachęca nas do przypomnienia sobie chwili, kiedy byliśmy do szaleństwa w kimś zakochani. Jak często zmienialiśmy życie i plany, nawet jeżeli było to naprawdę uciążliwe, żeby wykraść choć pięć minut z ukochanym? Nic wtedy nie było ważniejsze i nic nie powinno liczyć się dla nas bardziej teraz, kiedy pragniemy przejawić w życiu i świecie swoje najgłębsze wartości.

Jeżeli trudno ci uwolnić swoją energię i dary, dobrze wiesz, że jedyną uciążliwą rzeczą jest nie żyć zgodnie z wyznawanymi wartościami. To również gra o wyższą stawkę. Nie chodzi wyłącznie o ciebie. Urodziłeś się

---

* Elizabeth Gilbert, „Sexy, Dirty, Nasty, Wicked", 25 lipca 2016, podcast *Magic Lessons*, https://www.elizabethgilbert.com/magic-lessons/.

z wyjątkowymi darami i teraz bardziej niż kiedykolwiek świat potrzebuje ich, tego lekarstwa, które wyłącznie ty możesz mu ofiarować. Tę pracę wykonujemy dla siebie, ale również w służbie światu. Czasami jednak nie odczuwamy tej płomiennej miłości wobec wartości, do których się przyznajemy. W dodatku bywa, że nie jesteśmy pewni swoich ideałów. Kiedy zaczniesz sprzątać szafę cienia, usuniesz te warstwy, historie i kłamstwa, które oddzielają cię od tego jasnego zrozumienia i głębokiej miłości.

Twoje wartości, ideały, emocje i myśli są energią. Mimo że jest ona niewidoczna, widzimy jej wpływ. Poszukiwanie skarbów ukrytych w szafie cienia rozpoczynamy od skutków, jakie ta zastała energia wywołuje w naszym życiu. To wskazówki. Zastała energia tworzy pętle, które przejawiają się jako powtarzające się zachowania. Kiedy już zidentyfikujemy takie zachowania, uczucia albo myśli, możemy wykorzystać je do znalezienia energii, która wymaga oczyszczenia albo uwolnienia. Nasze najgorsze, najwstydliwsze i najboleśniejsze zachowania stają się mapą wiodącą do tego, co niezbędne do życia zgodnie z założeniem: jako wolne istoty wyrażające swoje dary w świecie.

Skupienie na emocjonalnych i mentalnych zachowaniach może sprawiać wrażenie bardziej psychologicznego niż energetycznego zagadnienia, ale z mojego doświadczenia wynika, że to wszystko jest ze sobą połączone. Nie poznałam innej niezawodnej metody oczyszczania energii osobistej dla ludzi, którzy nie są utalentowanymi jasnowidzami (a ja nim nie jestem). Chociaż jasnowidz albo bioenergoterapeuta może pomóc w zidentyfikowaniu przyczyny problemu, tylko ty możesz ją oczyścić.

Umiejętność określenia dla samego siebie rzeczy znajdujących się w szafie cienia pozwala przejąć inicjatywę i powtarzać działania tak często, jak to konieczne, aż do uwolnienia wszystkich zasadniczych darów. Wprawa w oczyszczaniu, zabezpieczaniu i pielęgnowaniu własnej energii ułatwia systematyczne dbanie o siebie i energetyczne wzmocnienie się. Rozszerzysz strefę komfortu tak, że będziesz mógł zachowywać się w sposób, jakiego naprawdę pragniesz, niezależnie od okoliczności. Dodatkowo będziesz w stanie szybciej dostrzec brak równowagi albo pojawiające się problemy, więc uda ci się oczyścić je, zanim przerodzą się w rany, uprzedzenia albo wyzwalacze. Zaczniemy od zbadania wskazówek emocjonalnych, a później przejdziemy do mentalnych.

Rozdział 6

IDENTYFIKOWANIE BLOKAD EMOCJONALNYCH

Poszukiwanie wskazówek emocjonalnych to poważne zadanie. Zmierzenie się z najmroczniejszymi częściami siebie wymaga ogromnej odwagi. Powinniśmy zaczynać tę pracę nie tylko jej pełni, ale również gotowi traktować się z miłością. Miłość jest uczciwa, cierpliwa i życzliwa, a cechy te są w naszej podróży niezbędne. Niniejszy rozdział poprowadzi cię przez pewne kluczowe koncepcje. Jedną z najważniejszych jest różnica pomiędzy automatycznymi a świadomymi reakcjami emocjonalnymi. Omówimy trzy stany emocjonalne: akceptację, wyparcie i pobłażliwość. Wykorzystując te wskazówki do odkrycia skarbów w cieniu, zidentyfikujemy związane z nimi historie i uwolnimy skarby. Znajdziesz tu również ćwiczenia, które pomogą ci przejść przez ten proces.

ZACZNIJ Z MIŁOŚCIĄ

Żeby być energetycznie dojrzałą osobą dorosłą, trzeba być gotowym na bycie szczerym z samym sobą. Oznacza to obserwowanie i analizowanie swojego zachowania, zwłaszcza tego, które możemy uważać za „złe". Musimy być szczerzy, ale nie okrutni czy brutalni. Poświęcenie czasu na konstruktywnie krytyczną autorefleksję może doprowadzić niektórych z nas do samobiczowania. W zdrowiu energetycznym nie ma na nie miejsca i prawdę mówiąc, samobiczowanie to jedna ze wskazówek mentalnych, które omówimy później. Na razie pamiętaj, żeby podchodzić do tej pracy z miłością i współczuciem. Traktuj siebie tak, jak traktowałbyś najdroższego przyjaciela. Zasadnicze znaczenie ma tutaj rozpoznanie, natomiast ocenianie jest niebezpieczne. Tworzy ono krytycyzm i oddzielenie, natomiast rozpoznanie wspiera zrozumienie i jasność. Ocenianie odzwierciedla lęki oceniającego, z rozpoznaniem wiąże się pragnienie przywrócenia harmonii.

Jeżeli jesteś choć trochę do mnie podobny, czasami reagujesz na różne sytuacje automatycznie, w sposób nieodzwierciedlający twoich przekonań. Rany, uprzedzenia i wyzwalacze powodują reakcje automatyczne, przez co sytuacja eskaluje albo później czuję wstyd i jest mi przykro. Kiedy piszę „rany i wyzwalacze", nie mam na myśli poważnych zdarzeń, które wywołują, na przykład, rzeczywisty zespół stresu pourazowego. Chodzi mi o wymówki, których używamy w odniesieniu do złego zachowania w codziennych sytuacjach. Rany i wyzwalacze tłumaczą takie zachowanie, ale nie są dla niego wymówką. Kiedy jesteśmy dorośli, naszym obowiązkiem jest uzdrowić i przekształcić to, co zidentyfikowaliśmy jako ranę, wyzwalacz albo uprzedzenie. Inaczej jesteśmy po prostu zranionymi dziećmi żyjącymi w ciele dorosłego, czasami uzbrojonymi w słowa i zachowania, które mogą spowodować głębokie szkody. Gdy idziemy przez życie zranieni, kontroluje nas przeszłość. Za każdym razem, kiedy nasze zachowanie ma swoje korzenie w ranach, ponownie się traumatyzujemy.

Żeby obdarzać innych miłością, musimy kochać siebie. Ludzie pełni miłości nie będą celowo zmuszać innych do nieustannego przeżywania okropnych wydarzeń z przeszłości i pozwalać, żeby to one kontrolowały ich życie. Oczyszczenie traum emocjonalnych tego rodzaju to wyraz miłości do siebie. Daje nam ono więcej wolności i pewności siebie w życiu, ponieważ wiemy, że potrafimy panować nad sobą w przeróżnych okolicznościach i pozostać scentrowanym.

REAKCJA AUTOMATYCZNA A ŚWIADOMA

Pewność, że z twoją automatyczną reakcją emocjonalną związana jest jakaś historia, możesz mieć wtedy, gdy reakcja ta jest nieproporcjonalna do rzeczywistości. Niezależnie od tego, czy wycofujesz się, wybuchasz czy płaczesz, zwracaj uwagę na swoje zachowanie za każdym razem, kiedy nie ma ono sensu w danej sytuacji albo jest niezgodne z twoimi wartościami. Zauważaj takie chwile. Umiejętność dostrzegania tych migawek to dobre przygotowanie do prowadzenia autorefleksyjnego życia. To również pierwszy krok do oczyszczenia szafy cienia. Na początku nie przejmuj się natychmiastową transformacją siebie. Bądźmy szczerzy, próba rozwiązania problemu w samym środku emocjonalnego kryzysu prawdopodobnie spełznie na niczym, przynajmniej na początku.

Celem jest ostateczne zastąpienie reakcji automatycznych świadomymi, zanim wcieli się je w czyn. Na razie zacznij tylko zauważać swoje zachowanie. Kiedy już do tego przywykniesz, możesz zacząć pracować nad nabieraniem dystansu w problematycznej chwili i podejmowaniem świadomej decyzji, w jaki sposób postąpić, zamiast reagować automatycznie.

STANY EMOCJONALNE

Żeby zidentyfikować wskazówki emocjonalne, które prowadzą nas do darów uwięzionych w szafie cienia, musimy zrozumieć różne stany emocjonalne. Trzy, które najlepiej pomagają mi zrozumieć i przeanalizować problemy, to: 1. akceptacja, 2. wyparcie i 3. pobłażliwość. Idealnym stanem jest akceptacja, natomiast wyparcie i pobłażliwość są najważniejsze w identyfikacji obszarów, które wymagają pracy. Emocje wyparte i traktowane pobłażliwie nie istnieją w izolacji, ale są związane z historiami, które sobie opowiadamy.

Notatki

Zacznij zapisywać swoje automatyczne reakcje emocjonalne, które są nieproporcjonalne do sytuacji. Możesz poprosić bliskich o delikatną pomoc, ponieważ nie zawsze zdajemy sobie sprawę z siły naszych reakcji.

Automatyczne reakcje emocjonalne są jak drogowskazy, a historie z nimi związane to nici, które mogą doprowadzić nas do sedna problemu. Sedno skrywa skarb, czy też dar, i może wymagać wnikliwego rozpoznania, zanim uda się je rozwiązać.

1. Akceptacja emocjonalna

Zanim przejdziemy do pracy z wyparciem i pobłażliwością, omówmy akceptację. Akceptacja emocjonalna nie sygnalizuje problemu. To stan uczuć, który mamy nadzieję osiągnąć dzięki oczyszczaniu energetycznemu. Akceptacja ani nie wypiera emocjonalnych doświadczeń, ani im nie pobłaża. Dochodzi w niej natomiast do pozwolenia sobie na odczucie emocji, zidentyfikowanie jej i obserwowanie, a ostatecznie na podążanie za nią. Emocja nie może nas prowadzić, dopóki jej nie poczujemy, nie zidentyfikujemy i nie będziemy jej obserwować – może nas tylko ograniczać. Pomiędzy akceptacją a wyparciem i pobłażaniem istnieją dwie główne różnice. Z prawdziwą akceptacją nie są związane żadne historie, a więc i oceny. Po drugie, tylko w stanie akceptacji faktycznie odczuwamy daną emocję.

Kiedy sama zaczęłam wykonywać tę pracę, byłam zdumiona tym, jak rzadko żyję w stanie emocjonalnej akceptacji. Teraz, gdy pielęgnuję ciało sprzyjające jej energetycznie, czuję się niesamowicie lżejsza i wolna, mimo że technicznie rzecz biorąc, odczuwam teraz więcej emocji. To naprawdę smutne, że tak długo żyjemy w bólu, iż zapominamy, jak to jest go nie odczuwać.

Notatki

Zacznij zapisywać, kiedy znajdujesz się w stanie emocjonalnej akceptacji. To ważne, ponieważ poznanie tego uczucia pomaga w identyfikacji wyparcia albo pobłażliwości.

Rozpoznanie akceptacji emocjonalnej może początkowo nastręczać trudności, prawdopodobnie dlatego, że nie znamy jej zbyt dobrze albo nie zwracamy na nią uwagi. Nauczenie się rozpoznawania jej jest niezbędne, zwłaszcza zanim przystąpi się do pracy nad wyparciem i pobłażliwością. Oto wskazówki, które mogą ci pomóc. Możesz znajdować się w stanie akceptacji emocjonalnej, jeżeli:

1. Jesteś w pełni obecny w teraźniejszości i nie myślisz o przeszłości ani przyszłości.
2. Nazywasz daną emocję, ale nie oceniasz jej jako „dobrą" ani „złą".
3. Nie usiłujesz obwiniać nikogo za tę emocję ani przypisywać mu zasługi za jej wywołanie.
4. Podchodzisz do tej emocji z ciekawością, a nawet zadziwieniem.
5. Nie dołączasz do niej historii. Mogłoby to wyglądać następująco: przedstawiłeś na spotkaniu pomysł, ale nie został on przyjęty z takim entuzjazmem, jakiego się spodziewałeś. Czujesz się odrzucony przez współpracowników. Zakładasz więc, że albo wszyscy są ci przeciwni, albo jesteś bezwartościowy. Historia to wyciąganie szerszych wniosków z chwilowej emocji – wniosków, które niekoniecznie są logiczne albo realne.

Jednak dotarcie do tego miejsca wymaga trochę więcej pracy i bólu. Dobra wiadomość jest taka, że kiedy już uporasz się z rzeczami zamkniętymi w szafie cienia, nie będziesz musiał raz po raz przeżywać tego bólu. Będziesz cieszyć się emocjami – wszystkimi – jako naturalnymi doświadczeniami. Nie będziesz musiał odczuwać energii historii i ocen, które wykorzystujesz później do potępiania samego siebie i które cię ograniczają.

2. Wyparcie emocjonalne

W miarę rozwijania umiejętności autoobserwacji zacznij zauważać, czy znajdujesz się w stanie wyparcia albo pobłażliwości. Wypieranie emocji nie jest obce większości z nas. Przez całe życie słyszymy, że tłumienie uczuć jest niezdrowe, i widzimy prawdę w tym stwierdzeniu. Tłumione emocje to te, które ignorujemy i ukrywamy, więc popadają w stagnację i powodują jeszcze więcej problemów od tego, który spowodował wyparcie. Chociaż zdarzają się przypadki, w których rzeczywiście nie wiemy, że wypieramy jakąś emocję, zazwyczaj zdajemy sobie z tego sprawę. Możemy nie wiedzieć, którą emocję wypieramy, ale wiemy, że jest nickomfortowa i wolelibyśmy w ogóle jej nie nazywać, a co dopiero odczuwać.

Nie tylko my zauważamy, że coś tłumimy. Tłumione emocje mają bardzo wyraźną energię. Może ktoś, kto bez wątpienia wyczuwa, że coś jest nie tak, zapyta: „Co jest? Coś najwyraźniej jest nie tak”. Kiedy w odpowiedzi warczymy: „Nic, wszystko w porządku”, prawdopodobnie coś jest nie w porządku, a z tobą coś nie tak.

Notatki

Zacznij zapisywać chwile, w których zauważasz, że wypierasz jakąś emocję. W tym momencie nie musisz rozumieć, dlaczego to robisz ani co się dzieje. Jeżeli uda ci się chociaż zatrzymać i zauważyć, że wypierasz jakąś emocję, będzie to już ogromny krok we właściwym kierunku. Zidentyfikuj emocjonalne wyparcie, zwracając uwagę na sytuacje, kiedy twierdzisz, że wszystko jest w porządku albo że nie jesteś zły, chociaż to nieprawda.

Kolejna wskazówka mówiąca, że wypierasz jakąś emocję, jest subtelniejsza i trudniejsza do namierzenia. W miarę jak zwrócisz większą uwagę na uczucia, będziesz również w stanie zidentyfikować wyparcie emocjonalne, kiedy skłamiesz na temat uczuć, mówiąc, że czujesz coś innego niż w rzeczywistości. Z jakiegoś powodu ta zastępcza emocja jest dla twojego umysłu bardziej akceptowalna. Na przykład ja kiedyś płakałam, gdy byłam wściekła, ponieważ bycie smutną było bardziej akceptowalne od bycia złą.

Innym razem możemy wyrazić inną emocję niż ta, którą naprawdę czujemy, i ludzie dobrze nas znający zawsze będą o tym wiedzieć. Mogą poczuć się zdradzeni, bo mają świadomość, że ich okłamujesz, udając, że czujesz coś, czego tak naprawdę nie odczuwasz.

Problem w tym, że niejednokrotnie okłamujemy również samych siebie. Wypieramy jakąś emocję, ponieważ coś w niej i towarzyszącej jej historii wywołuje w dodatku ból, wstyd albo lęk. Możliwość doświadczenia tych uczuć powoduje taki niepokój, że całkowicie je odcinamy, zazwyczaj nie wiedząc, jaka to faktycznie emocja, chociaż czasami to wiemy.

3. Pobłażliwość emocjonalna

W naszej kulturze pobłażliwość emocjonalna zazwyczaj mylona jest z akceptacją, czyli stanem neutralnej obserwacji. Pobłażliwość znajduje się na przeciwnym końcu spektrum w stosunku do wyparcia. Ponieważ koncepcja ta jest nam obca, poświęcimy na jej omówienie więcej czasu niż w przypadku akceptacji i wyparcia.

Kiedy znajdujemy się w stanie emocjonalnej pobłażliwości, możemy wyrażać mnóstwo energii emocjonalnej, ale tak naprawdę nie czuć danej emocji. Zamiast tego reagujemy automatycznie na samoocenianie albo projekcję, jaką rzucamy na innych. Te automatyczne reakcje opierają się na historiach związanych z konkretną emocją. Pobłażliwość emocjonalna uwielbia wynajdywać wymówki albo obwiniać innych za nasze nieproporcjonalne reakcje. To ułatwia ignorowanie odczuwania danej emocji, ponieważ odwracamy od niego swoją uwagę poprzez niewłaściwe zachowanie i wytykanie palcami.

Większość emocjonalnej pobłażliwości można zidentyfikować dzięki powtarzającym się wzorcom zachowań. Wskazówkami, że do ominięcia faktycznych emocji posługujemy się pobłażliwością, są takie wyrażenia jak: „punkt zapalny", „nie znoszę tego", „nie cierpię, kiedy ktoś...", „jestem empatą, czuję wszystko", „to mi gra na nerwach" albo „ona doprowadza mnie do szału". Jeżeli zorientujesz się, że automatycznie reagujesz w ten sam sposób w podobnych okolicznościach bez względu na dzielące je różnice, prawdopodobnie pobłażasz sobie i zagłębiasz się w jakiejś emocjonalnej historii wyhodowanej w szafie cienia.

Oto przykład. Ludzie mający zdrowe ciało energetyczne i dojrzałe ego zazwyczaj potrafią śmiać się sami z siebie. Jeżeli ktoś nie potrafi przyjąć przyjacielskiego droczenia się ani dostrzec własnych głupstw, często reaguje nieproporcjonalną złością i twierdzi, że inni okrutnie z niego kpią i go poniżają. Znajomi takiej osoby czują się zdezorientowani, bo w końcu to takie same serdeczne żarty, jakich sami doświadczają. Jednak w przeszłości tej rozzłoszczonej osoby wydarzyło się coś, przez co obecnie z doznaniem bycia drażnionym związana jest jakaś historia. Zamiast oczyścić energię tamtego doznania, osoba ta ponownie przeżywa tamte emocje, ponieważ zakłada, że bliscy są wobec niej złośliwi i jej nienawidzą. Taka osoba nigdy nie czerpie radości ze słodkiego i intymnego doświadczenia bycia z kimś tak blisko i czucia się z nim tak swobodnie, że można się nawzajem drażnić.

Kolejne zachowanie, dzięki któremu identyfikuje się emocjonalną pobłażliwość, to twierdzenie, że inni ludzie sprawili, że coś poczuliśmy i że jesteśmy tak wrażliwi, iż wszystko nas rani. Możliwe, że słyszałeś albo czytałeś poradę, iż zamiast mówić: „Sprawiłeś, że poczułem ból, kiedy to powiedziałeś" powinniśmy mówić: „Zraniło mnie to, co powiedziałeś". Ale tak naprawdę nie ma znaczenia, w jaki sposób to powiesz, bowiem nadal skupiasz się na przyczynie danej emocji, a nie na niej samej. Osoba, która wymówiła te słowa, jest za nie odpowiedzialna, ale jeżeli w rzeczywistości nie miała na myśli nic krzywdzącego, znajduje się w trudnej sytuacji. Jest zdezorientowana i może powiedzieć: „Przykro mi, że tak się czujesz". Widziałam, jak taka odpowiedź wytrąca z równowagi wielu ludzi znajdujących się w stanie emocjonalnej pobłażliwości, łącznie ze mną. Druga możliwa odpowiedź, „Przepraszam", również nie jest odpowiednia, ponieważ ta osoba nie zrobiła niczego złego, więc na pewnym poziomie takie przeprosiny są nieszczere. Co ważnicjsze, te przeprosiny umożliwiają ci uniknięcie identyfikowania tego, co naprawdę dzieje się z twoimi emocjami.

Jesteś odpowiedzialny za swoje reakcje – automatyczne i świadome – na wszystko, co ktoś powie. To nie rozgrzesza go z podłych czy pełnych nienawiści słów, ale nie mówimy tu o celowej złośliwości. Mówimy o sytuacjach, w których źle coś przyjmujemy i dajemy się ponieść tej emocji. Niezależnie od tego, co się dzieje, masz wybór: dasz się kontrolować traumie z przeszłości i ulegniesz niedojrzałym, automatycznym reakcjom czy też jesteś wolny i możesz świadomie przeanalizować daną sytuację i świadomie zareagować w sposób zgodny ze swoimi wartościami i przekonaniami? Nie twierdzę, że słowa czy działania innych nigdy nie sprawiają nam cierpienia – czasami celowo, czasami przez nieuwagę. Ale z jakiegoś powodu wielu z nas od razu zaczyna przypisywać komuś winę za powód tego uczucia, zamiast doświadczyć tej emocji, a następnie oddać się refleksji.

Na przykład, twój małżonek – który kocha cię najbardziej na świecie (a jeżeli tak nie jest, to masz całkowicie inny problem) – przechodzi obok ciebie, gdy leżysz na kanapie, czytając książkę, i pyta: „Och, nie miałeś iść do sklepu?". Takie niegroźne pytanie, nastawione na uzyskanie informacji, może sprawić, że niektórzy poczują się urażeni, przybiorą postawę obronną i zachowają się zgodnie z tymi odczuciami, co całkiem zdezorientuje małżonka. Krzyczysz, dąsasz się i tupiesz, zatrzaskujesz książkę, łapiesz klucze i promieniując falami energii złości, wychodzisz z domu, a twój małżonek stoi oszołomiony i trochę się ciebie boi. Domyślam się, że to nie jest zgodne z twoimi wartościami i nie pasuje do traktowania ukochanej osoby, na jakie zdecydowałbyś się w idealnych warunkach. Jak takie niewinne pytanie może cię zranić i sprawić, że zapomnisz o swoich wartościach, zwłaszcza że biorąc pod uwagę dobór słów, musiałeś wcześniej wspomnieć coś o planowanych zakupach?

Zamiast zatrzymać się i zadać to właśnie pytanie, natychmiast czujesz się zraniony i zakładasz, że małżonek cię ocenia. Refleksja przed automatyczną reakcją mogłaby zaowocować pytaniem, dlaczego zakładasz, że małżonek, który cię kocha i nigdy nie oceniłby cię w taki pasywno-agresywny sposób, zachowuje się jak nie on.

Kiedy zdasz sobie sprawę z absurdu tej sytuacji i faktu, że przypisałeś słowom małżonka niewłaściwy motyw, kopiesz głębiej i znajdujesz wzorzec zachowania: denerwujesz się i przyjmujesz pozycję obronną za każdym razem, gdy ktoś pyta cię o coś, co uważasz za obowiązek domowy. Dalsza medytacja przywołuje wspomnienie z dzieciństwa, kiedy mama ukarała cię albo skrytykowała za niesprzątnięcie pokoju na czas. To jest źródło problemu i teraz w każdej podobnej sytuacji z miejsca czujesz się zraniony i zaczynasz się bronić, ponieważ zakładasz, że jesteś surowo oceniany bez żadnego powodu.

Podążanie za wskazówkami do źródła nie jest tak naprawdę trudne, a w większości przypadków, kiedy już dostrzeże się to źródło, sprawia ono wrażenie zupełnie oczywistego. A jednak nie widzieliśmy, co się dzieje, ponieważ budowaliśmy ten wzorzec latami na drodze powtórzeń. Kontrolował nas i nawet o tym nie wiedzieliśmy. Ale kiedy już zauważysz, że ta historia istnieje w szafie cienia, możesz ją usunąć i uwolnić się.

A teraz ciekawostka i punkt, w którym często źle rozumiemy pracę z cieniem. Ten skarb – ta część siebie, którą musisz odzyskać – nie dotyczy wykonywania obowiązków domowych w chwili, kiedy powinieneś, albo leżenia, kiedy masz na to ochotę. Musimy pójść głębiej. Co powstrzymało cię przed posprzątaniem pokoju za pierwszym razem? Czytałeś? Snułeś marzenia? Bazgroliłeś? To właśnie ten ukryty skarb, ta część ciebie, która potrzebuje ratunku, ukryta pod traumą, historią i wyrobionym wzorcem zachowania.

Notatki

1. Stwórz listę rzeczy, których nie cierpisz czy które doprowadzają cię do szału. Zacznij zwracać na nie uwagę, kiedy się pojawiają, i zapisuj to w dzienniku.
2. Zauważaj swoje nieproporcjonalne albo niedorzeczne reakcje emocjonalne.
   - Zapytaj się o racjonalność emocji, którą odczuwasz.
   - Czy przyczyny tej reakcji (historia, którą sobie opowiadasz) odpowiadają rzeczywistości?
   - Przejrzyj dziennik i zobacz, czy zanotowałeś podobne zdarzenia i dostrzegasz jakiś wzorzec.
   - Nazwij go możliwie najjaśniej. Na przykład: „Za każdym razem, kiedy ktoś wspomina o moim nosie, zachowuję się absurdalnie".
3. Pomedytuj albo zastanów się nad swoim życiem, żeby znaleźć pierwszy przypadek wystąpienia tej konkretnej sytuacji. Poproś istotę, do której się zwracasz po wskazówki – swoją duszę, ducha, wyższe *ja*, bóstwo, Boskość, wszechświat – o ujawnienie tego pierwszego przypadku.
4. Zajrzyj głębiej i przekonaj się, czy uda ci się odkryć zakopany tam skarb.

HISTORIE ZWIĄZANE Z EMOCJAMI

Nieustannie wspominam związane z emocjami historie, ponieważ są one bardzo ważne. Podczas opisywania konkretnych stanów emocjonalnych starałam się dawać przykłady. Tutaj jednak poświęcimy chwilę na przeanalizowanie pewnej historii dokładniej.

Z mojego doświadczenia wynika, że nie udaje nam się pozostawać w stanie emocjonalnej akceptacji, ponieważ skupiamy się na historii, którą związaliśmy z jakimś uczuciem, zamiast na samej emocji. Na przykład, kiedy ktoś dokonuje analizy krytycznej mojej pracy, zachowuję się bardzo defensywnie, dyskredytuję krytykę, a często również osobę, która przedstawia mi swoją analizę. Bycie nieprzyjemną wobec osób, które próbują mi pomóc, nie należy do moich wartości, a jednak patrząc na moje zachowanie, można by pomyśleć, że jest wartością bardzo dla mnie ważną. Emocją, którą odczuwam, jest zabawne połączenie wstydu z niewykonania pracy idealnej z wynikającą z niego złością.

Historia, jaką z tym związałam, jest taka, że jeżeli nie potrafię zrobić czegoś perfekcyjnie, to nie jestem wartościową osobą. Teraz, kiedy pojawia się ten wstyd, zatrzymuję się i naprawdę go czuję. Uznaję go i go nazywam. Zostaję tam. Nie dochodzę do wniosku, że jestem bezwartościowa. Jak zaczęłam kojarzyć niedoskonałą albo doskonałą pracę ze swoją wartością? Z perspektywy czasu widzę, że nietrudno było to odkryć. Pewną rolę odegrało w tym stwierdzenie „dobrze, że jesteś inteligentna, bo piękna na pewno nie" w czasie, w którym bycie ładną stanowiło najważniejszą (i w zasadzie jedyną) cechę, jaką mała dziewczynka mogła przejawiać. Kolejnym elementem układanki były kary, jakie mi wymierzano, kiedy dostałam w szkole ocenę niższą od piątki. Wobec mojego rodzeństwa nie stosowano tak surowych standardów. Powód tego porządku rzeczy, który mi przedstawiono, brzmiał: „Masz potencjał, a z nim wiąże się ogromna odpowiedzialność". Moją jedyną zaletą był najwyraźniej umysł i jeżeli okazywał się niedoskonały, nie miałam do zaoferowania nic wyjątkowego. A przynajmniej taką historię sobie opowiedziałam.

Czy skarb związany z tą historią ma cokolwiek wspólnego z pracą albo perfekcją? Niezupełnie. Skarb dotyczy robienia rzeczy, które sprawiają mi przyjemność. Nie spełniałam oczekiwań dotyczących perfekcji, czyli nie byłam wystarczająco ładna albo nie zadowalałam nauczycielki, dostając piątkę, kiedy robiłam coś dla samej radości robienia tego – bawiłam się w przebieranki, wypróbowywałam nowe rzeczy podczas tworzenia sztuki bądź pisania, spędzałam czas z przyjaciółmi. Prawdziwy skarb nie kryje się w byciu zadowoloną z niedoskonałej pracy, tylko w robieniu tego, co sprawia mi radość, albo w wyrażaniu twórczego popędu bez przywiązania do wyników. Prawdziwy skarb to świadomość, że nie wszystko jest związane z byciem odpowiedzialnym, zadowalaniem innych czy osiągnięciami.

Starych nawyków trudno się pozbyć i czasami zdarzają mi się jeszcze reakcje na krytykę. Jednak codziennie robię postępy i istnieje mniejsze prawdopodobieństwo, że odgryzę głowę osobie, która zasugeruje mi jakieś poprawki. Ale to raczej miły efekt uboczny, a nie skarb.

W miarę praktyki identyfikacja wskazówek emocjonalnych przychodzi coraz łatwiej. Chociaż praca ta może na początku wydawać się niezdarna i dziwna, z czasem idzie bardziej gładko. Co ważniejsze, ponieważ zaczniesz o wiele lepiej się czuć i zachowywać, będziesz mieć motywację do jej kontynuowania. Emocje z pewnością stanowią wyzwanie, ale tylko dlatego, że nie mamy z nimi wystarczająco dużo doświadczenia, a tyle razy byliśmy ranieni. Wiesz już, jak dokonać ogromnych zmian w ciele emocjonalnym. Teraz skierujemy uwagę na wskazówki mentalne. Myśli stanowią równie duże wyzwanie, co emocje, i nam wszystkim przyda się trochę ćwiczeń w zrozumieniu roli aktywności umysłowej w życiu.

Rozdział 7

IDENTYFIKOWANIE NIEWŁAŚCIWIE UKIERUNKOWANYCH MYŚLI

Niewłaściwe ukierunkowanie myśli różni się od pułapek emocjonalnych w sposób zasadniczy, który omówimy poniżej. Poświęcimy trochę czasu na opisanie różnicy pomiędzy rozpoznaniem a oceną, ponieważ jest ona podstawą do zrozumienia niewłaściwego ukierunkowania myśli. Przekonałam się, podobnie jak w przypadku ciała emocjonalnego, że pomocne są trzy stany: ciekawość, usprawiedliwianie i wyrzuty – i właśnie te stany przeanalizujemy w tym rozdziale.

Wykorzystujemy wskazówki emocjonalne, żeby dotrzeć do skarbów ukrytych w szafie cienia. Z mojego doświadczenia wynika, że rany w ciele mentalnym nie kryją skarbów w taki sam sposób, jak te w emocjonalnym. Ciało mentalne nie ukrywa tego, czego potrzebujemy, lecz przekierowuje energię tak, żebyśmy nie wyrażali swojego prawdziwego ja. Zatrzymuje naszą uwagę, którą lepiej wykorzystalibyśmy w innym celu. Kieruje nasze zasoby z dala od tego, czego pragnie nasza dusza. Nie kryje skarbu, lecz odbiera nam zdolność doświadczania albo wyrażania pełni potencjału duszy.

Co do pochodzenia tej tendencji, możemy jedynie zgadywać. Opierając się na swoim doświadczeniu, uważam, że wynika ona z historii naszej kultury i historii naszych przodków oraz ze smutnej prawdy mówiącej, że czasami to, co wydaje się dobre zranionemu wewnętrznemu dziecku, wcale dla nas takie nie jest. Niewłaściwe ukierunkowanie myśli nie ma konkretnej przyczyny, lecz jest nawykiem rozwiniętym po to, żeby wspierać zachowania oddzielające nas od naszych prawdziwych ideałów. Dobra wiadomość jest taka, że możemy wyzwolić się z tych pułapek umysłu, tak jak możemy wyzwolić się z emocjonalnych ran i wyzwalaczy. Oczyszczając te tendencje, możemy przekierować energię tak, żeby odżywiać i pielęgnować to, czego naprawdę pragniemy, zamiast nadal dawać się kontrolować nawykom z przeszłości.

STANY MENTALNE I ROZPOZNANIE

Tak jak istnieją trzy główne stany emocjonalne, które moim zdaniem pomagają w osobistej pracy z energią, tak istnieją trzy główne stany mentalne: ciekawość, usprawiedliwianie i wyrzuty. Do utrzymania harmonijnej energii idealnym stanem mentalnym jest ciekawość, która wspiera rozpoznanie. Pomaga nam ono spojrzeć poza zamęt i wspiera uzdrawianie oraz zrozumienie.

1. Ciekawość

Ciekawość wspiera te cele, ponieważ z definicji jest stanem pragnienia poznania albo zrozumienia czegoś. Sugeruje również pewną niewinność czy brak motywów innych niż chęć nauki. Drugą stroną rozpoznania jest ocena, a ponieważ ten stan podsyca oddzielenie i krytykę, nie pozostawia miejsca na ciekawość. Nie można być czegoś naprawdę ciekawym, jeżeli się to ocenia.

Rozróżnienie ciekawości i oceny na podstawie samych słów może być trudne. Na przykład pytanie: „Jak on może w to wierzyć?" może mieć całkowicie odmienne znaczenia w zależności od intencji i energii mu towarzyszącej. W zależności od tego, jak zostanie zadane, pytanie to może być odebrane albo jako sarkastyczne i oceniające, albo jako wyrażające szczerą ciekawość. Energia ciekawości próbuje znaleźć informacje. Energia oceny wyraża jedynie niedowierzanie, że ktokolwiek mógłby uwierzyć w tak prawdopodobnie głupią rzecz. Energia ciekawości wywołuje harmonijny przepływ, natomiast energia oceny – zatrzymuje go. Kiedy stajemy wobec koncepcji albo sytuacji, na które reagujemy automatycznie zamiast świadomie, możemy być pewni, że gdzieś w głębi nas dochodzi do oceniania. Ocena zatem to mentalna wskazówka, że dane myśli, koncepcje i wynikające z nich zachowanie wymagają oczyszczenia.

Wychowujemy się w społeczeństwie, które ceni stanowczość, ideał oparty na purytańskich zasadach, które wspierają binarne myślenie, a zwłaszcza dzielenie wszystkich aspektów życia na „dobre" i „złe". Jesteśmy uczeni oceniania: siebie, innych, koncepcji, kultur, potraw, założeń politycznych – po prostu wszystkiego. Media społecznościowe pomagają wpajać tę tendencję. Zapewniają miejsce, w którym każdy może wyrazić swoją opinię. Zachęcają do miażdżenia opinii innych ludzi, jeżeli tylko ośmielą się opublikować coś, co różni się od naszych przekonań. Jako że znaczna część mediów społecznościowych opiera się na krótkich informacjach, jest tam niewiele ciekawości i rozmów, za to mnóstwo oceniania, które dzieli i krytykuje.

Dopóki nie uda nam się uwolnić od oceniania, nie poczynimy postępu w rozumieniu innych i siebie. Jednak naprawdę trudno jest uwolnić najnaturalniejszą tendencję do oceniania na podstawie tego, co wiemy. Bycie ciekawym to przyznanie, że czegoś nie wiemy albo że jesteśmy gotowi zmienić swoją opinię, a obie te koncepcje są w naszej kulturze niepopularne. Wierzymy, że musimy być stanowczy i pewni swoich przekonań, natomiast otwartość na inne możliwe opinie to oznaka słabości. Tak jak wychowanie kulturowe działa przeciwko akceptacji emocjonalnej, tak również środowisko nie wspiera ciekawości mentalnej.

Badanie przeprowadzone przez Jonaha Bergera, profesora specjalizującego się we wpływie społecznym i pisarza, przedstawia doskonały przykład automatycznego oceniania na podstawie reakcji*. Berger przeprowadził

* Shankar Vedantam, *Episode 55: Snooki and the Handbag*, 13 grudnia 2016, w podcaście *Hidden Brain*, http://www.npr.org/series/423302056/hidden-brain.

wywiady z politykami i pytał ich, co sądzą na temat konkretnej myśli politycznej. Kiedy przypisywał jej pochodzenie komuś z partii opozycyjnej, politycy odrzucali ją. Gdy ta sama koncepcja była przedstawiana jako wywodząca się z ich partii, przyjmowali ją. Sama myśl polityczna nie wywoływała w nich ciekawości ani wnikliwości. Reakcja była oparta wyłącznie na jej domniemanym autorze.

Wszyscy do pewnego stopnia tak się zachowujemy. Istnieją ludzie, partie i firmy, którym ufamy, i tacy oraz takie, którym nie ufamy. Dostarczają nam „skrótów" do oceniania i wyrabiania sobie opinii, tak mile widzianych w życiu pełnym informacji i decyzji. Mimo że zwiększają naszą wydajność, jednocześnie osłabiają naszą ciekawość i zdejmują z nas ciężar rozpoznawania. Rozleniwiają nas i zaburzają postrzeganie rzeczywistości. Odbierają nam wolność.

Mówimy tu co prawda o wewnętrznej, a nie zewnętrznej ciekawości i ocenie, ale działa to na tej samej zasadzie. Kiedy analizujemy własne zachowanie i myśli, jak często pytamy w efekcie: „Och, to interesujące, jak mogę się dowiedzieć, co to znaczy?". Zamiast być ciekawi, dlaczego zachowujemy się albo myślimy w dany sposób, niejednokrotnie oceniamy. Dwoma głównymi skutkami wewnętrznego oceniania są wyrzuty i usprawiedliwianie. Żadne z tych podejść do myślenia o swoich działaniach i założeniach nie wspiera jasności, zrozumienia ani harmonii. Natomiast oba, chociaż inaczej, odwracają naszą uwagę od harmonii i pielęgnowania energii, która służy nam i celowi naszej duszy.

Notatki

1. Następnym razem, kiedy zaczniesz automatycznie coś oceniać, powstrzymaj się.
2. Wykorzystaj jedną z technik oczyszczających do uwolnienia energii oceny i wzmocnij ciekawość. Sugeruję pracę z oddechem, ponieważ właśnie tę najłatwiej wykonać od razu.
3. Zamiast oceniającego komentarza, który mógłbyś wyrazić, zadaj pytanie ze szczerym zaciekawieniem.
4. Opisz to doświadczenie w swoim dzienniku.
5. Powtórz w miarę potrzeby.

2. Usprawiedliwianie

Od dziesięcioleci usprawiedliwianie jest ulubioną techniką pozwalania naszemu zranionemu wewnętrznemu dziecku na robienie wszystkiego, co tylko zechce. Wystarczy, że potrafimy wytłumaczyć złe zachowanie albo decyzje i, jak to mówią, „wszystko w porządku" – tyle że nie jest. Usprawiedliwianie charakteryzuje się defensywnością, humorami albo niemal patologicznym oddaniem logice. Czasami zawiera w sobie ziarno prawdy, coś, co rzeczywiście wyjaśnia, dlaczego zachowujemy się w dany sposób. W takim przypadku zazwyczaj przyczyną nie jest to, że dane zachowanie odzwierciedla nasze ideały.

Jak wiemy, wyjaśnienie to nie wymówka i nie daje nam pozwolenia na dalsze zachowywanie się wbrew wyznawanym wartościom. Mimo to łatwo, a czasami nawet zabawnie, wymyślić jakieś skomplikowane i bezsensowne usprawiedliwienia, żeby robić to, na co ma ochotę nasze skrzywdzone ja. Kiedy nasze umysłowe przekręty są pomysłowe, przyjaciele śmieją się i nas chwalą. Kiedy nasza dusza za bardzo zbliża się do odkrycia sedna problemu, umysł zaczyna pracować na pełnych obrotach i tworzy niesłychanie złożone struktury logiczne, żeby podtrzymać złe decyzje czy zachowania. Dopóki nie dotrzemy do sedna i nie oczyścimy problemu, usprawiedliwianie zawsze wygra.

Usprawiedliwianie używane jest do różnorakich wzorców zachowań i myśli, ale najbardziej przydaje się do utrzymywania złych nawyków. Niektóre z powszechnych usprawiedliwień służą takim zachowaniom jak złe wybory żywieniowe, wszelkiego rodzaju niezdrowe uzależnienia i pozostawanie w niezdrowych związkach. Wszystko to odnosi się do naszej energii na trzy sposoby. Po pierwsze, wszystko, co przyjmujemy fizycznie, wpływa na naszą energię. Po drugie, te zachowania przekierowują naszą energię mentalną z dala od tego, czego naprawdę pragniemy, żeby uspokoić nasze wewnętrzne dziecko. I w końcu: sprawiają, że mniej czujemy siebie i nie wierzymy we własną moc.

Słyszałam, że nie da się wygrać ze swoimi nawykami samą siłą woli, a jedynym sposobem na ich przezwyciężenie jest znalezienie czegoś, co mocniej się kocha. Jednak natura usprawiedliwiania sprawia, że walka ta skazana jest na przegraną. Usprawiedliwianie nawyków tworzy wokół nich barierę ochronną. Kiedy z miłością angażujemy się w usprawiedliwianie, karmimy je energią, aż w końcu staje się ono w pewnym sensie żywym bytem. Pamiętaj, że wszystko, co żyje, będzie walczyć o zachowanie życia. Praca z emocjami jest trudna, problemy z usprawiedliwianiem także są trudne, choć pod innym względem, i równie podstępne. Dla mnie nadal usprawiedliwianie pozostaje największym wyzwaniem ze wszystkich aspektów pracy z energią.

Ów aspekt jest taki skomplikowany między innymi dlatego, że usprawiedliwianie to gęsto pleciony i stary system racjonalizacji. Kiedy zastosujemy do niego ciekawość, pochwyci ją i będzie się nią bawić jak kot myszą. Zadawanie z ciekawością pytań „jak" i „dlaczego" misternie zaprojektowanemu systemowi, ożywianemu własnym wewnętrznym systemem logiki, może złapać nas w nieskończoną pętlę, w której będziemy trwać aż do wyczerpania albo jej przerwania. Co więcej, niejednokrotnie nie kwestionujemy usprawiedliwiania, ponieważ zbyt bliskie przyjrzenie się swoim zachowaniom i ujrzenie, że nie odzwierciedlają one naszych przekonań, powoduje niepokój zwany dysonansem poznawczym.

W usprawiedliwianiu i dysonansie poznawczym przerażające jest to, że potrafią zmienić to, kim jesteś. Im bardziej racjonalizujesz swoje zachowania, tym mocniej twój umysł wierzy, że te powody i zachowania są dla ciebie i twojej tożsamości ważniejsze od wartości, które podobno wyznajesz. Tu właśnie wchodzi w grę koncepcja identyfikowania tego, co bardziej kochasz. Dobrym początkiem na drodze do przerwania koła usprawiedliwiania jest poświęcanie większej ilości czasu na jasnym uświadamianiu sobie, kim jesteś w głębi serca – czyli jaką osobą się stajesz. Zamiast rozbierać struktury usprawiedliwiania, omiń je całkowicie i skoncentruj się na zasadniczym pytaniu: w jaki sposób to zachowanie przybliża mnie do życia zgodnie z wyznawanymi przeze mnie ideałami i do bycia wolnym? W moim przypadku był to jedyny skuteczny sposób na przełamanie tej pętli zachowań. Trudniej znaleźć przyczynę usprawiedliwiania złego zachowania, ponieważ zazwyczaj chodzi po prostu o to, że w pewnym sensie – fizycznie, emocjonalnie albo psychicznie – dobrze się dzięki niemu czujemy. Możemy poświęcić całe lata na znalezienie przyczyny, która w jakiś magiczny sposób ułatwi nam położenie kresu złemu zachowaniu, ale to kolejna niebezpieczna ścieżka prowadząca w las usprawiedliwień.

Notatki

1. Co usprawiedliwiasz w swoim życiu?
2. W jaki sposób próbowałeś się wyzwolić?
3. Co było najskuteczniejsze?
4. Rozpoczęcie od techniki związanej z żywiołem ziemi (patrz str. 90–92) może skutecznie uspokoić umysł.
5. Metody oczyszczania, które pomagają mi poradzić sobie z mentalnym usprawiedliwianiem, obejmują pracę z oddechem i medytację.
6. Chociaż najczęściej stosuje się go do pielęgnowania energii, świadomie użyty chaos może złagodzić nawyki usprawiedliwiania. Zmiana rutyny pomaga przerwać pętle energetyczne.
7. Zapisz w dzienniku, w jaki sposób konkretne zachowanie oddziela cię od wyznawanych wartości. Jakie zachowania mogą cię do nich zbliżyć?

Zrozumienie, jak wymyślne są nasze racjonalizacje, pomaga nam uzmysłowić sobie, jak trudna do oczyszczenia jest ta energia. Dzięki zrozumieniu, że nie kryje ona żadnego skarbu, który warto odkopać, tylko wysysa z nas energię, możemy odkryć najlepszy sposób na wyeliminowanie usprawiedliwiania. Ono może przetrwać tylko wtedy, gdy pozwolimy swojej energii nadal przez nie przepływać. Kluczem jest skupienie się na zachowaniach, które są zgodne z naszymi wartościami, i świadome ich zasilanie przy użyciu technik pielęgnujących.

Pozbaw usprawiedliwiane zachowanie pożywienia, przekierowując energię do tego, co chcesz wzmocnić i co wyraża twoje wartości. Z innej strony można spojrzeć na to tak: zadaj sobie pytanie, co zrobiłaby najlepsza wersja ciebie. Wybierz wilka, którego będziesz karmić. Niech ten drugi zmarnieje, aż w końcu jedyne, co ci pozostanie, to wymiecenie jego prochów. Tak jak w przypadku oczyszczania emocjonalnego, czasami może to być trudne. Kiedy raz nada się czemuś życie, będzie to walczyć o jego utrzymanie, a śmierć głodowa jest trudna. Usprawiedliwianie będzie walczyć. Pamiętaj tylko, że zagłodzenie go nie zabije ciebie, lecz ostatecznie wzmocni cię i sprawi, że będziesz prawdziwie sobą. Co ważniejsze, będziesz wolny.

Notatki

1. Wybierz jedno z usprawiedliwianych zachowań, których chcesz się pozbyć.
2. Odnieś się do początkowej listy wyznawanych wartości.
3. W jaki sposób usprawiedliwiane zachowanie przybliża cię do nich albo od nich oddala?
4. Od której wartości usprawiedliwiane zachowanie oddala cię najbardziej? (Na przykład: usprawiedliwiane zachowanie = uzależnienie od napojów gazowanych, wartość = zdrowie).
5. Stwórz alternatywną możliwość, którą możesz wybrać za każdym razem, kiedy usprawiedliwiane zachowanie domaga się zaspokojenia. (Na przykład: wypić wodę).
6. Wybierz działanie, które wspiera twoje wartości i przekierowuje ku nim twoją energię.

3. *Wyrzuty*

Usprawiedliwianie pozwala najmniej fantastycznej wersji nas robić to, na co ma ona ochotę, i dobrze się z tym czuć, natomiast wyrzuty zabierają nas na drugi koniec spektrum. Tak jak w przypadku większości sytuacji ekstremalnych, ta jest równie niebezpieczna i trudna. Kto z nas nie robił sobie wyrzutów z powodu jakiegoś błędu? Powiedzenie „Jesteś swoim największym wrogiem" brzmi autentycznie z konkretnego powodu. Czasami naprawdę świetnie idzie nam ocenianie innych, ale jesteśmy prawdziwymi mistrzami w ocenianiu samych siebie i wymierzaniu sobie kar godnych przestępstw znacznie poważniejszych niż zaspanie, zjedzenie dodatkowego ciasteczka, rzucanie przekleństwami na innych kierowców czy coś, co właśnie zrobiliśmy.

Kiedy jesteśmy dla siebie surowi, z jakiegoś powodu lepiej czujemy się z popełnionym (niekoniecznie prawdziwym) występkiem, a to naprawdę dziwne. Z drugiej strony, może nie aż tak bardzo. Większość naszych ran powstała w dzieciństwie, kiedy byliśmy zależni od otaczających nas osób. Mieliśmy mniejszą kontrolę nad swoim życiem i zwykle nie potrafiliśmy samodzielnie zaspokoić swoich podstawowych potrzeb. Błędy, które złościły naszych opiekunów albo wytrącały ich z równowagi, groziły tym, że nasze potrzeby nie zostaną zaspokojone, a przynajmniej tak nam się wydawało. Złe zachowanie mogło oznaczać, że zostaniemy wysłani spać bez kolacji, przez co – choć to by nas nie zabiło – czulibyśmy się żałośnie albo – co gorsza – oznaczałoby brak miłości i akceptacji opiekunów, której tak bardzo pragnęliśmy.

Doświadczenia te mogły również powiązać nas z bardziej pierwotnymi wspomnieniami przechowywanymi w obszarze limbicznym mózgu pochodzącymi z czasów, kiedy błędy mogły nas zabić znacznie częściej niż współcześnie. Błędy popełniane w naszym dzieciństwie i w życiu dawnych przodków miały zgubne konsekwencje. Zdenerwowanie z powodu tego, że zrobiło się coś, co naraziło nas i może również innych na niebezpieczeństwo, wydaje się naturalną reakcją. Problem w tym, że większość obecnie popełnianych przez nas błędów nie zagraża niczyjemu życiu. A nawet kiedy jakiś błąd jest wyjątkowo niebezpieczny – na przykład, gdy zajeżdżamy komuś drogę – tracenie czasu i energii na obwinianie się nie rozwiąże problemu. Żadna ilość energii żalu nie wymaże tego, co już się stało. Z jakiegoś powodu przekonywanie samych siebie, że nie zasługujemy w życiu na nic dobrego ani przyzwoitego, wydaje się właściwsze od przeanalizowania tego, co się stało, i rozwiązania problemu albo opracowania planu tak, żeby nie powtórzyć już tego błędu.

Wyrzuty to nie tylko przyznanie się do błędu i poczucie ubolewania z jego powodu, to coś bardziej złożonego. Wyrzuty nie pojawiają się na chwilę, ale przynoszą cały bagaż i wprowadzają się na dobre. Mają mnóstwo historii na nasz temat, które z chęcią nam opowiadają, a które mówią, że ten błąd to wyraźny znak, że nie jesteś nic warty i nie zasługujesz, żeby w życiu spotkało cię cokolwiek dobrego.

Kiedy ta historia cię nie przekonuje, wyrzuty wyświetlają pokaz hańby, który według mojego doświadczenia najchętniej pojawia się w środku nocy. Pokaz hańby prezentuje nam wszystkie nasze błędy, czasami sprzed dziesięcioleci, i zmusza nas do ponownego przeżycia tamtych okropnych emocji. Jako że wspomnienia te były karmione przez wyrzuty, są grube, potężne i przerażające.

To dorosłe wersje dziecięcych potworów chowających się w szafie. Jeżeli pamiętamy chociaż jedną noc, kiedy to leżeliśmy rozbudzeni, a cała nasza uwaga skupiała się na pokazie wywołujących poczucie wstydu błędów, łatwo dostrzeżemy, jak wyczerpujący energetycznie jest taki stan umysłu. Zamiast wyspać się i odświeżyć ciało i umysł, tworzymy coraz bardziej niespokojną i zastałą energię. Kiedy wstajemy, żeby rozpocząć nowy dzień, jesteśmy całkowicie wyczerpani. Wyrzuty to okropna strata cennych zasobów, która nie daje nam w zamian nic wartościowego.

Notatki

1. Czy masz chwile wyrzutów?
2. Zdarza ci się pokaz hańby?
3. Wymień niektóre historie wywołujące wyrzuty.
4. Jak próbowałeś sobie z nimi radzić?

POTĘGA PRZEBACZENIA

Niezależnie od tego, czy wyrzuty powoduje u ciebie jedna sytuacja czy cały ich zestaw, oczyszczenie tej energii na szczęście jest łatwiejsze niż w przypadku usprawiedliwiania. Łatwiejsze, ale niekoniecznie łatwe – i prawdopodobnie domyślasz się dlaczego. Oczyszczenie tej energii wymaga odświeżającej potęgi przebaczenia. Przebaczanie innym niejednokrotnie jest znacznie łatwiejsze niż przebaczanie sobie, ale tak jak w przypadku miłości nie można kochać innych, dopóki nie pokocha się siebie, tak nie można naprawdę przebaczyć komuś, dopóki nie przebaczy się sobie. Zanim przejdziesz do przebaczenia, sprawdź, czy z danym wspomnieniu nie kryje się nauka. Zastanów się, czy z danej sytuacji możesz wyciągnąć jakąś lekcję. Jeżeli tak, zanotuj ją i przyswój. Jeśli nie, musisz po prostu puścić ją z przebaczeniem sobie i łaską.

Każda z technik oczyszczających może się sprawdzić, ale mnie w uwolnieniu wyrzutów naprawdę pomagają: praca z oddechem, przytulanie się do drzew i ogień. Praca z oddechem jest bardzo łatwa i skuteczna oraz zazwyczaj niezauważalna, jeżeli trzeba wykonać ją w miejscu publicznym. Zaczynam od wydechu, żeby usunąć wyrzuty. Wraz z wdechem pobieram łaskę. Jeżeli mi jej brakuje, proszę otaczające mnie drzewa (nawet jeżeli ich nie widzę) o użyczenie mi swojej. Długie, powolne, głębokie wdechy to antidotum na każdą energię, która blokuje harmonię i przepływ. Po kilku takich oddechach czuję, jak rozluźniają i otwierają mi się mięśnie, naczynia krwionośne i dusza, wyrzuty zniknęły, a łaska koi rany, które po nich zostały.

Drzewa to mądre i cudowne istoty. Czasami trudno wyobrazić sobie ucieleśnione bóstwo, które nam wybacza, zwłaszcza jeżeli przypomina Boga judeochrześcijańskiego. Ale drzewo... jeszcze nie zdarzyło mi się, żebym objęła drzewo (albo w przypadku zbyt publicznego miejsca, po prostu się o nie oparła), poprosiła o jakąś pomoc – łącznie z przebaczeniem – i spotkała się z odmową.

Jeżeli moje wyrzuty są szczególnie ostre, tylko ogień sobie z nimi poradzi. Wypisawszy na kartce papieru wszystkie rzekome błędy, przez które nie zasługuję na nic oprócz nieszczęścia, spalam ją. Po tej praktyce zazwyczaj wykonuję pracę z oddechem albo oczyszczanie oparte na żywiole wody.

Notatki

1. Następnym razem, gdy zaczniesz coś sobie wyrzucać albo odtwarzać pokaz hańby, wybierz technikę oczyszczającą do uwolnienia tej energii.
2. Wypróbuj pracę z oddechem do uspokojenia umysłu. Wydychaj wyrzuty, wdychaj przebaczenie.
3. Nawiąż kontakt z bóstwem albo aspektem natury, dzięki któremu czujesz się bezpieczny, otoczony troską i kochany.
4. Jeżeli wyrzuty nie ustępują, rozważ użycie ognia do uwolnienia się.
5. Wykonaj następnie praktykę pielęgnującą, żeby odżywić ciało energetyczne przebaczeniem i łaską.
6. Użyteczną techniką pielęgnującą jest wdzięczność. Zamiast coś sobie wyrzucać, spójrz na dane wydarzenie przez pryzmat wdzięczności. Podziękuj mu za lekcję, która z niego płynęła, i za pomoc w rozwinięciu w sobie empatii wobec innych, którzy popełniają błędy.

JESZCZE RAZ O CIEKAWOŚCI

Nauczyliśmy się uwalniać od macek usprawiedliwiania i wyrzutów, ale nadal mamy trochę pracy. Nie wolno nam zapominać, że usprawiedliwianie i wyrzuty to pochodne oceniania i przeciwnicy ciekawości. Kiedy już usunęliśmy energię oraz moc usprawiedliwiania i wyrzutów, zyskaliśmy przestrzeń na przeanalizowanie ich i uzyskanie dalszych informacji. Usprawiedliwianie jest skutkiem sytuacji, w której oceniamy coś jako niewłaściwe dla nas, ale wolimy pobłażać sobie i tworzyć historie mówiące, dlaczego to coś jest w porządku (jak na ironię, usprawiedliwianie zazwyczaj ma rację – dane zachowanie niejednokrotnie jest niezgodne z naszymi wartościami). Jeżeli zmienimy ocenianie zawarte w tym usprawiedliwianiu w rozpoznanie, będziemy mogli świadomie stwierdzić: „To zachowanie jest niezgodne z moimi wartościami". Wtedy będziemy mogli przyznać, że mimo to chcemy się tak zachować.

Teraz wprowadzamy ciekawość. Zamiast się oceniać, zaczynamy autoanalizę. Zadajemy sobie pytanie, dlaczego chcemy postąpić właśnie tak. Pytamy bez prób udowodnienia sobie, że to w porządku, bo to oznaczałoby ponowne usprawiedliwianie. Odpowiedź może być dowolna, od „To zapewnia mi ukojenie" po „No przecież nie mogę pozwolić im wchodzić mi na głowę". Odpowiedzi te prowadzą do dalszych pytań, na przykład: „Dlaczego potrzebuję ukojenia?" albo „Czy to zachowanie uniemożliwi ludziom wchodzenie mi na głowę?".

Będąc ciekawym i głęboko kopiąc, można odkryć ukryte obszary i je oczyścić. Jeżeli coś w twoim życiu jest tak trudne do zniesienia, że potrzebujesz ukojenia, zajęcie się tym na poziomie energetycznym może cię naprawdę uwolnić.

Kiedy przestajemy robić sobie wyrzuty, nasze ciekawe serce może odkryć lekcję płynącą z danego doświadczenia. Zazwyczaj przeanalizowanie z jasnym umysłem jakiegoś przeżycia ujawnia proste rozwiązanie, dzięki któremu dana sytuacja już się nie powtórzy: stworzenie lepszego systemu organizacji, żeby o niczym więcej nie zapomnieć, przeproszenie kogoś, usunięcie z samochodu rzeczy, które nas rozpraszają, żebyśmy mogli skupić się na prowadzeniu. Większość spraw, za które robimy sobie wyrzuty, jest tak drobna, że po nabraniu dystansu zaczynamy się zastanawiać, dlaczego tak bardzo się nimi gryźliśmy. Dobrze jest się nad tym zastanowić. Nauczono nas, że jeden błąd może splamić cudowny pod innymi względami charakter. Uwierzyliśmy, że zewnętrzne okazanie wyrzutów sumienia jest równoznaczne z prawdziwą skruchą. Jednak jest to podobne do emocjonalnej pobłażliwości. Dramatyczna ekspresja nie jest tak potężna jak odmienione zachowanie.

Może ci się wydawać dziwne, że sugeruję wyeliminowanie usprawiedliwiania i wyrzutów przed przyjrzeniem się, co się za nimi kryje, bo w końcu taką kolejność stosowaliśmy w przypadku wskazówek emocjonalnych. Z mojego doświadczenia wynika, że nasz umysł jest tak potężny, iż zbliżenie się do tego, co kryje się za usprawiedliwianiem i wyrzutami, jest niemożliwe, dopóki częściowo nie oczyścimy tej energii. Wydaje się, że usprawiedliwianie i wyrzuty wchłaniają każdą wymierzoną przeciw nim energię, wchłaniają ją i robią się silniejsze. Dlatego uważam, że raczej wysysają energię, niż nią są. Rozluźnij ich chwyt, osłab ich siłę głodzeniem i przebaczeniem, a łatwiej będzie dostrzec, czy zostało coś wartościowego.

MASZ KLUCZE DO SZAFY CIENI

Prawda jest taka, że zasługujesz w życiu na to, co dobre. Tak naprawdę zasługujesz na to, co najlepsze: na bycie osobą, którą się urodziłeś. Nie jest to również cel wyłącznie egoistyczny. Pamiętaj, że osoba, którą masz być, wnosi do świata ważne lekarstwo. Masz coś ogromnie wartościowego i twoim obowiązkiem jest szanować ten dar, obdarzać nim świat i w nim go wyrażać. Masz już wspaniałe narzędzia, które ci w tym pomogą. Potrafisz rozpoznawać zachowania nieprzystające do swoich najgłębszych wartości jako wskazówki mówiące o obecności zastałej energii albo pozbawiających cię energii myśli, które w niewłaściwy sposób kontrolują twoje życie. Zaczynasz rozumieć, że energia powstała w wyniku traumy skrywa zasadnicze aspekty twojej jaźni w szafie cienia. Wiesz, że rzeczy znajdujące się w tej szafie są znacznie bardziej złożone i wartościowe, niż to sobie wcześniej wyobrażałeś. Znasz już nawet kroki umożliwiające uwolnienie tych cennych darów:

1. Identyfikowanie wzorca zachowania poprzez zwracanie uwagi na:
   - powtarzające się zachowania,
   - nieproporcjonalne reakcje emocjonalne,
   - zachowanie niezgodne z wyznawanymi wartościami.
2. Oczyszczanie niepokoju prostą techniką taką jak praca z oddechem, pozycja góry, mycie rąk, wzięcie do ręki kryształu czy powąchanie olejków eterycznych. W miarę pracy z poszczególnymi technikami nauczysz się, które z nich sprawdzają się w twoim przypadku najlepiej.
3. Obserwowanie i zauważanie:
   - Reagujesz automatycznie czy świadomie?
   - Czy dane zachowanie zlokalizowane jest w ciele emocjonalnym czy mentalnym?
   - Co naprawdę dzieje się w ramach danego wzorca zachowania?
4. Szukanie ukrytych wzorców, które wskazują na głębsze przyczyny.

Te kroki to dopiero początek. Wykonuj je, żeby samoobserwacja weszła ci w krew. Kiedy przeczytasz następny rozdział, będziesz umiał w pełni zidentyfikować ukryty dar, zintegrować go i oczyścić pozostałą nieodpowiednią energię. Ale zanim opracujemy plan zajmowania się problematycznymi obszarami, popracujemy nad włączeniem do codziennego życia podstawowych praktyk higieny energetycznej.

Rozdział 8

OSOBISTA PRAKTYKA ENERGETYCZNA

Jedną z najważniejszych rzeczy, kiedy chcemy rozwinąć zdrową praktykę energetyczną, jest wplecenie drobnych działań w życie codzienne. Ponieważ jesteśmy tak zapracowani i ponieważ wyrabianie nowych nawyków może stanowić wyzwanie, im mniej wysiłku kosztuje nas zintegrowanie praktyki, tym bardziej prawdopodobne będzie, że ją utrzymamy. Dzięki odrobinie kreatywności łatwo przemycić do istniejących już nawyków i normalnego porządku dnia drobne nowości. Rozpoczęcie od mniejszych działań przygotuje nas na bardziej skomplikowaną pracę nad głębokim oczyszczaniem energetycznym.

Praca nad głębszymi polami opisanymi w poprzednich rozdziałach wymaga więcej czasu i uwagi. Jest łatwiejsza i przynosi lepsze efekty, kiedy zaczynamy, czując się stabilni. Ponownie odwołajmy się do metafory ciała fizycznego: jeżeli ktoś potrzebuje poważnej operacji, lekarze w miarę możliwości upewniają się, że pacjent jest stabilny, zanim ją rozpoczną, żeby zapewnić mu jak największe szanse na brak komplikacji i powrót do zdrowia. Niedożywione czy wyniszczone ciało nie zacznie budować mięśni, dopóki nie zostaną zaspokojone jego podstawowe potrzeby. W dodatku po pewnym okresie podstawowego pielęgnowania energii łatwiej wyczuć harmonię energetyczną.

Sugeruję, żebyś zaczął wcielanie podstawowych praktyk energetycznych do codziennego życia, nie rezygnując z zauważania chwil, kiedy twoje zachowanie jest niezgodne z twoimi ideałami albo kiedy reagujesz automatycznie zamiast świadomie. Zauważaj je, oczyszczaj towarzyszący im niepokój i zapisuj je w dzienniku. Wykorzystamy te informacje, gdy na poważnie zaczniemy wyzwalać się i dążyć ku harmonii energetycznej.

WYRABIANIE NAWYKÓW

Tak jak prościej uprzątnąć szafę, wszystko z niej wyjąwszy, tak też najpierw spędzimy trochę czasu na oczyszczaniu energii. Kiedy stworzymy już w ciele energetycznym przestrzeń, wówczas poczujemy się swobodniej i wyraźniej samych siebie ujrzymy. Po oczyszczeniu możesz mieć wrażenie, że znikł przygniatający cię ciężar, gardło przestało się zaciskać albo opadły więzy, które cię krępowały. Dla mnie dobre oczyszczenie przypomina uczucie, jakbym właśnie zdjęła zbyt ciasne buty.

Prawdopodobnie w ciągu dnia będziesz używać większej liczby technik oczyszczających niż zabezpieczających czy pielęgnujących – przynajmniej na początku. Z czasem proporcje te zmienią się na korzyść pielęgnowania, ponieważ kiedy już oczyścisz to, co się da, i wyrobisz w sobie nawyki codziennego oczyszczania, będziesz mieć więcej przestrzeni do pielęgnowania energii, której pragniesz, a mniejszą potrzebę oczyszczania. Zabezpieczanie, które samo w sobie jest techniką stabilizującą, pozostanie na w miarę stałym poziomie, chyba że okazjonalnie znajdziesz się w sytuacji, która będzie wymagać na przykład większej ochrony niż życie codzienne.

Żeby rozpocząć tworzenie pierwszej fazy praktyki osobistej, przejrzyj techniki oczyszczające z rozdziału 3 i notatki ze swojego dziennika. Wybierz przynajmniej trzy techniki, które sprawdziły się w twoim przypadku. Pomyśl teraz o życiu codziennym i tym, co wchodzi w skład twojej rutyny, jak choćby mycie zębów, prysznic, picie pierwszej filiżanki kawy albo przygotowywanie smoothie, spacer, jazda samochodem do pracy, czy nawet prowadzenie dziennika, ćwiczenie, medytowanie czy praktykowanie jogi. Nieważne, co to za czynności, o ile wykonujesz je codziennie albo przynajmniej regularnie pięć dni w tygodniu. Weekendy czasami mają luźniejszą strukturę – w porządku. Codzienne wykonywanie tych praktyk jest świetne, ale pięć razy w tygodniu to nadal lepiej niż wcale.

Połącz teraz trzy techniki oczyszczające ze swojej listy z trzema czynnościami. Sparuj jakąś technikę z codzienną praktyką tak, żeby miało to sens. Na przykład, jeżeli codziennie spacerujesz albo wykonujesz jakikolwiek ruch fizyczny, możesz połączyć go z intencją i uwagą. Oto kilka przykładów:

- Codzienne mycie zębów możesz zakończyć wypłukiwaniem z gardła zastałej energii, która zabarwia ci ton głosu rozdrażnieniem, zniecierpliwieniem bądź złością. Połączenie jakiejś techniki z myciem zębów to dobry wybór, ponieważ niemal wszyscy robimy to przynajmniej raz dziennie.
- Kiedy myjesz ręce, skoncentruj się na tym, że nieodpowiednia energia z całego twojego ciała przepływa do rąk i znika w odpływie.
- Myjąc zęby albo szczotkując włosy, możesz stać w pozycji góry i wysyłać wszelką zastałą albo nieodpowiednią energię do ziemi.
- Jeżeli codziennie dokądś jeździsz, masz doskonałą okazję do wykorzystania pracy z oddechem.

Bądź twórczy i szukaj okazji do włączenia praktyk energetycznych do istniejącej już rutyny.

Zdarzą się sytuacje, w których użyjesz jakiejś techniki pod wpływem chwili. Między innymi w tym tkwi piękno pracy z energią: można wykorzystać te umiejętności, gdy tylko pojawi się taka potrzeba. Posiadanie garści drobnych praktyk, które wykonujesz każdego dnia, da ci dwie ważne rzeczy. Po pierwsze, nabierzesz pewności, opanujesz je perfekcyjnie i wejdą ci w krew, więc z łatwością je przywołasz. Po drugie, dzięki doświadczeniu nauczysz się, które działają najlepiej w konkretnych okolicznościach. Jeżeli pamiętanie o trzech nowych rzeczach okazuje się wyzwaniem, umieść przypomnienia w miejscach, w których wykonujesz daną czynność, i to w taki sposób, żebyś musiał dotknąć tych notatek. Możesz na przykład położyć karteczkę samoprzylepną w łazience na paście do zębów, przez co będziesz musiał dotknąć karteczki, podnosząc tubkę; w samochodzie na drążku skrzyni biegów; w bucie, żebyś musiał wyjąć ją przed wyjściem z domu.

Nie przestanę tego powtarzać: bądź kreatywny. I proaktywny. Chodzi o twoje życie i twoją energię – i nie zapominaj, że jesteś inteligentny. Jeżeli jednak trzy rzeczy to naprawdę za dużo, a znasz się wystarczająco dobrze, żeby to wiedzieć, wypróbuj dwie, a nawet zaledwie jedną. Znacznie lepiej robić jedną rzecz przez miesiąc i odkryć, jak bardzo podobają nam się korzyści z niej płynące, a przez to zyskać motywację do dodania następnej. Zorientujesz się, że łakniesz harmonijnej energii, więc nawet jeżeli zaczniesz od małej rzeczy, doświadczysz efektu kumulacji. Czasami trudno wytyczyć jasną granicę między lenistwem a okrucieństwem wobec siebie. Bądź ze sobą szczery, ale się nie zadręczaj.

Po kilku tygodniach zastanów się, czy te techniki się sprawdzają. Nie chodzi mi o to, żebyś zmierzył zmianę swojej energii, chociaż z pewnością zaczniesz już zauważać różnice. Ważniejsze jest to, czy techniki te sprawiają wrażenie naturalnej części życia. Czy łatwo wykonać je bez stresu? Czy w ogóle lubisz je robić? Jeżeli nie, rozważ wypróbowanie innych. Zmiana planu nie oznacza porażki, lecz jest elementem procesu. Sam najlepiej znasz swoje życie i jesteś w stanie określić, czy te wysiłki i ich skutki sprawdzają się w twoim przypadku. Jeżeli musisz coś udoskonalić, poświęć na to czas i powtórz w razie potrzeby. Na twoim miejscu nie przechodziłabym do pielęgnowania, dopóki nie opracujesz praktyki oczyszczającej, bo pielęgnowanie nie jest tak pożyteczne, kiedy nie ma przestrzeni.

DODAWANIE UMIEJĘTNOŚCI ZABEZPIECZANIA I PIELĘGNOWANIA

Teraz, kiedy już oczyściłeś część energii, masz przestrzeń na jej pielęgnowanie. Ale najpierw zabezpieczymy tę czystą przestrzeń, którą stworzyłeś. Sugeruję rozpoczęcie od jednej techniki zabezpieczającej. Nie musisz zabezpieczać swojej energii każdego dnia – wystarczy robić to raz na tydzień, chociaż w codziennej praktyce nie ma nic złego. Żeby wymagało to jak najmniej wysiłku, postaraj się wybrać taką technikę, którą dodasz do jednej z praktykowanych już metod oczyszczających. Na przykład, jeżeli każdego dnia pracujesz z oddechem w samochodzie, możesz z łatwością otoczyć się zaraz po niej kokonem ze światła. Usuwanie sznurów dobrze współgra z prysznicem, a nawet rozbieraniem się do spania. Gest „Namaste" jest integralnym elementem jogi, więc wystarczy wykonać go z intencją.

Gdy będziesz gotowy włączyć techniki pielęgnujące, postępuj ostrożnie. Perspektywa wypełnienia stworzonej przestrzeni nową energią jest kusząca. Jednak pośpiech nie da ci czasu na upewnienie się, czy wykorzystywane techniki wnoszą do twojego ciała energię pożądaną i czy rzeczywiście ci ona pasuje. Sugerowałabym także, żeby w tym momencie nie korzystać ze świadomego chaosu, chociaż jeżeli wydaje ci się to właściwe, to oczywiście spróbuj. Sama mimo wszystko wybrałabym którąś z drobnych technik i zaczęła skromnie. Na przykład celowy konsumpcjonizm to obszerna kategoria. Próba wprowadzenia zmian we wszystkich nawykach z nim związanych byłaby przytłaczająca. Wybierz raczej jedną rzecz i skupiaj się tylko na niej.

Może przejrzysz krytycznie media społecznościowe, usuniesz źródła, które nie przekazują informacji odżywiających twoją duszę, i wybierzesz więcej takich, które to robią. Może uznasz, że czas usunąć ze swojej przestrzeni życiowej przedmioty, które nie służą żadnemu celowi ani nie dodają wartości twojemu życiu. Może podoba ci się koncepcja poświęcania kilku minut co wieczór na modlitwę dziękczynną. Ja sugeruję pracę z oddechem, wdzięczność albo modlitwę/kontemplację. Jeżeli wolisz bardziej aktywną technikę, wybierz obszar, który jest zagracony, ale używany regularnie, jak szuflada ze skarpetkami, półka w łazience albo biurko. Uprzątnij go i utrzymuj w ładzie oraz dbaj o przedmioty w nim się znajdujące. Nie mogę zbyt wiele zaproponować, jeśli chodzi o pielęgnowanie, ponieważ kiedy już zaczniesz oczyszczać i zabezpieczać energię, będziesz wyczuwać, co najbardziej ci służy. Pielęgnowanie jest bardzo osobistą kwestią, gdyż każda osoba jest inna i życie każdej osoby też jest inne. Dość łatwo jest dzielić się powszechnymi technikami oczyszczającymi zastałą albo nieodpowiednią energię, z którą wszyscy mamy do czynienia, jednak rodzaj energii, którą chcemy pielęgnować, znacznie różni się w zależności od osoby.

Dobrze jest również pamiętać, że idealna recepta na harmonię energetyczną będzie się zmieniać wraz z upływem lat. Nasze potrzeby energetyczne ulegają zmianie, zupełnie tak jak potrzeby ciała fizycznego. W miarę rozwoju praktyki zwracaj uwagę na odczucia, które jej towarzyszą – zarówno te odnoszące się do samej praktyki, jak i do wywoływanych przez nią zmian energii. Dopiero pracujesz nad zrozumieniem swojego ciała energetycznego, więc na początku możesz nie zauważać subtelnych zmian w jego codziennych potrzebach, ale jeżeli je zauważysz, nie przestrasz się. To dobrze. To znaczy, że zdobywasz świadomość harmonii energetycznej i rozwijasz wrażliwość na nią. Z czasem będziesz bardziej wrażliwy na zmiany energii i od razu będziesz w stanie na nie reagować, usuwając potencjalne poważniejsze czy długotrwałe problemy. Nie zapomnij nadal zapisywać chwil, w których twoje zachowanie nie odzwierciedla twoich ideałów. Wykorzystamy te dane w następnej fazie.

GŁĘBOKIE OCZYSZCZANIE

Kiedy już wypracowałeś pewne nawyki i poczułeś, jak to jest uwolnić zastałą i nieodpowiednią energię oraz stworzyć dynamiczną energię o konkretnych cechach, możemy przejść do poważniejszych kwestii, które uniemożliwiają nam wolne życie. Oczywiście każdy z nas będzie mieć specyficzne troski, traumy, rany, wyzwalacze i uprzedzenia, ale można określić ogólne zasady mające zastosowanie w większości sytuacji. Nie istnieje idealny harmonogram, istnieją tylko wskazówki do wykorzystania wyłącznie wtedy, gdy są przydatne. Najważniejsze jest to, abyś czuł, że twoje początkowe podstawowe praktyki energetyczne są stabilne i skuteczne, zanim przejdziesz dalej. Rób wszystko w swoim tempie.

Gorąco polecam zajmowanie się naraz wyłącznie jedną dużą blokadą. Od jakiegoś czasu notowałeś przykłady ich działania, więc wiesz, które typy przeważają w twoim życiu albo je kontrolują. Wybranie największej i najpotężniejszej blokady jest kuszące, ale oprzyj się tej pokusie. Zacznij od mniejszej. Pomyśl o tym jak o dodatkowych kółkach w rowerze. Jest bardziej prawdopodobne, że odniesiesz sukces na dłuższą metę, jeżeli twoje pierwsze działanie okaże się pomyślne. Ten początkowy skok w głębokie oczyszczanie szafy będzie miał dużą krzywą uczenia się. Zyskane doświadczenie bardzo pomoże ci w następnych krokach. Jeżeli zadanie wyda się za duże albo sprawi wrażenie, że zbyt wiele zależy od jego powodzenia, wywoła niepokój, którego nie potrzebujesz. Jeżeli jednak czerpiesz motywację z wyzwań, zignoruj moją sugestię i zrób to, co najlepiej sprawdzi się w twoim przypadku.

Nasze doświadczenia z radzeniem sobie z problemami ukrytymi w szafie cienia będą różne, tak jak same problemy. Jak dotąd ani jedna z moich interakcji z szafą cienia nie przypominała innej. Przypisuję to ważnej roli, jaką w tej pracy odgrywa dusza. To w niej tworzona jest żyzna gleba dla przyszłego rozwoju przy użyciu wszystkich fragmentów naszego ja, które uwalniamy; innymi słowy, tych części, które uznajemy za śmieci i wyrzucamy na kompost (więcej informacji o tej koncepcji znajdziesz w dodatku B). Dusza niekoniecznie pracuje zgodnie z porządkiem chronologicznym świadomego umysłu.

Chwilami w tym procesie będzie się wydawać, że nic się nie dzieje. Czasami nie można zrobić nic, tylko cierpliwie czekać, aż dusza ujawni naszej świadomości swoje tajemnice. To bardzo frustrujące, ponieważ chcemy coś zrobić – pracować nad problemem i działać – a czekanie stanowi wyzwanie dla ludzi wychowanych w cywilizacji zachodniej. W takich sytuacjach możemy tylko nadal wykonywać codzienną pracę energetyczną i ufać procesowi. Obiecuję, że w ostatecznym rozrachunku gra będzie warta świeczki. W miarę pielęgnowania energii, która w twoim przypadku będzie wspierała zrozumienie, refleksję i wgląd, poszukiwane informacje zostaną ci ujawnione. Twoja dusza weźmie wszystko, co jej dasz, i zmieni to w perłę mądrości. Pamiętaj, że to bardzo organiczny proces, a ty jesteś istotą organiczną, w której współistnieją różne aspekty. Każdy z nich ma własną naturę, łącznie z wyczuciem czasu. Przy okazji będziemy robić wszystko, co w naszej mocy, żeby pomóc świadomości wspierać proces. Uczynimy to, realizując kilka prostych kroków, począwszy od zauważania zachowań, które nie odzwierciedlają naszych przekonań, i oczyszczania często towarzyszącej takim chwilom energii niepokoju. Następnie, w celu odpowiedniego poradzenia sobie z tym, przeanalizujemy, co naprawdę się dzieje, żeby odkryć, czy to blokada emocjonalna czy niewłaściwe przekierowanie myśli.

Zauważ

Jak już kilkakrotnie wspomniałam, pierwszym krokiem jest zauważenie występowania zachowań, które są niezgodne z naszymi wartościami. Wskazówką może być niepokój, wstyd albo lęk towarzyszący innym uczuciom, które akurat przeżywasz. Możesz również mieć wrażenie braku kontroli. To poważne, ponieważ musimy nad sobą panować, żeby żyć jako istoty wolne. Jeżeli nie mamy kontroli, to znaczy, że kontroluje nas coś innego, a to przeciwieństwo wolności.

Oczyść

Kiedy zauważysz takie zachowanie, oczyść towarzyszącą mu energię niepokoju albo wstydu, używając dowolnej prostej techniki oczyszczającej (w moim przypadku sprawdza się praca z oddechem albo spacer). Doświadczenia przepełnionego niepokojem, lękiem bądź wstydem nie będziesz w stanie ocenić obiektywnie.

Zdarza się, że w danej chwili tylko to możesz zrobić, zwłaszcza podczas interakcji z innymi ludźmi, i nie ma w tym nic złego. Możesz dokończyć proces, kiedy znajdziesz się już na osobności. Gorąco polecam jednak, żebyś dał znać bliskim, że pracujesz nad pewnymi sprawami i czasami będziesz musiał przerwać w połowie to, co akurat robicie, żeby wykonać tę pracę. Ponieważ to twoi bliscy i chcą, żebyś był jak najszczęśliwszy i jak najzdrowszy, powinni okazać się wyrozumiali i wspierający. Chociaż oczywiście można kontynuować pracę nad blokadami po fakcie, jednak przeanalizowanie doświadczenia w chwili jego wystąpienia jest rzeczą wartościową.

Przeanalizuj

Kiedy już będziesz mógł – po fakcie albo robiąc sobie przerwę w trakcie doświadczenia – przeanalizuj naturę tej blokady. Wypierasz jakąś emocję czy jej pobłażasz? Usprawiedliwiasz coś czy robisz sobie wyrzuty? A może idziesz na całość i robisz kilka rzeczy naraz? Określ jak najwięcej szczegółów tego, czego doświadczasz i co robisz. Uwzględnij takie informacje jak: pod jakim względem twoja reakcja jest bardziej automatyczna niż świadoma? W jaki sposób powiększa przepaść pomiędzy twoim obecnym ja a osobą, którą pragniesz być? Gdybyś w tej chwili naprawdę postępował zgodnie ze swoimi przekonaniami, jak by to wyglądało? Jeżeli przez ostatnie kilka miesięcy zbierałeś informacje na temat innych zdarzeń, porównaj je z obecną sytuacją. Poszukuj jakichkolwiek podobieństw: emocji, działań, wyzwalaczy, lokalizacji, innych ludzi. Nie jest to niezbędne, ale dostrzeżenie większych wzorców zawsze pomaga, nawet jeżeli wyłącznie tak, że pokazuje ci, na ile sposobów brakujące części ciebie albo niewłaściwe ukierunkowanie energii cię kontroluje.

Zidentyfikuj

Jeżeli blokada jest emocjonalna, a zatem związana z szafą cienia, informacje pozyskane z wielu zdarzeń będą naprawdę pożyteczne. Dane te mogą ułatwić dostrzeżenie historii, którą łączysz z reakcją emocjonalną. Oto następny krok: identyfikacja historii związanej z zachowaniem. Pamiętaj, że ta historia nie jest skarbem, tylko drogowskazem do niego prowadzącym. Ta część procesu może wymagać czasu. Zdarza się, że czegoś nie pamiętamy, ponieważ tego nie chcemy. W ten sposób bronimy się przed traumatycznym doświadczeniem. Jak na ironię, to nie chroni nas przed przeżywaniem tej traumy raz po raz, ponieważ rana pozostaje otwarta. Tylko dzięki przypomnieniu sobie tej traumy możemy ją w pełni uwolnić i już nigdy nie musieć przeżywać jej ponownie. Co równie ważnie, odzyskamy część siebie, która była zamknięta.

Żeby pomóc umysłowi i duszy chętniej ujawnić twojej świadomości te niezbędne informacje, połącz technikę oczyszczającą (idealny jest prysznic albo kąpiel) z pielęgnującą. Pielęgnuj bezpieczną przestrzeń sprzyjającą spokojnemu odkrywaniu swoich tajemnic. Moim zdaniem najlepiej w tej roli sprawdza się modlitwa albo medytacja. W tej świętej przestrzeni bliskości z Boskością albo wyższym ja poproś o pomoc w uświadomieniu sercu i ciału energetycznemu, że przeszłość należy do przeszłości i nie może już powodować bólu. Poproś o przypomnienie, że już to przeżyłeś i najczarniejszy scenariusz się nie spełnił: nie umarłeś. Poproś, żeby umysł i dusza pracowały wspólnie nad przekazaniem twojej świadomości wspomnienia o pierwotnym zdarzeniu.

Kiedy czekasz na ujawnienie tych informacji, nadal powstrzymuj się przed powtarzaniem danego zachowania, oczyszczaj się z niepokoju i próbuj swoją wolą zmienić reakcję automatyczną w świadomą. Żeby to było łatwiejsze, pielęgnuj energię, która karmi twoją wolę i pragnienie uwolnienia tej blokady. Tworzy to dwustronne podejście, które zachęca twoją świadomość i nieświadomość do pracy nad tym samym celem. Kiedy obie ścieżki się spotkają, będzie można oczyścić pozostałą energię. Po wszystkim wykonaj praktykę zabezpieczającą i kontynuuj pracę pielęgnującą tak długo, jak to potrzebne.

Mentalny a emocjonalny

Jeżeli dana blokada – a dokładniej mówiąc, niewłaściwe ukierunkowanie – ma charakter mentalny, proces wygląda inaczej i pod pewnymi względami jest łatwiejszy, a pod innymi trudniejszy. Na przykład w przypadku problemów emocjonalnych umysł świadomy musi czasami czekać na umysł nieświadomy i duszę. Może to być frustrujące, zwłaszcza dla tych, którzy lubią przestrzegać harmonogramu i śledzić postępy (akurat ja należę do tego typu). Kwestie mentalne bardziej podlegają świadomej kontroli, co wpływa na trudność w uporaniu się z nimi. Kiedy mamy do czynienia z blokadami emocjonalnymi, zawsze coś kryje się pod ich powierzchnią. Odkrycie tego to ta trudna część, ale kiedy już to zrobimy, wszystkie elementy zazwyczaj wpadają na swoje miejsce i wydają się tak oczywiste, że mamy wrażenie działania jakiejś magii. Jeżeli jednak chodzi o usprawiedliwianie i wyrzuty, żadna kawaleria nie nadciągnie z głębin, żeby nam pomóc. Masz nad nimi kontrolę i jest to pocieszające, ponieważ możesz kontrolować harmonogram, chociaż nakłada to na twoją wolę znaczną odpowiedzialność. Niezależnie od tego, czy karmisz drugiego wilka, żeby zagłodzić usprawiedliwianie, czy wylewasz na błędy łaskę przebaczenia, są to decyzje, które podejmujesz w czasie rzeczywistym, i działania, które podejmujesz z rozmysłem.

Po oczyszczeniu pierwszej głębokiej blokady i odczuciu ulgi oraz radości płynącej z odzyskania części siebie albo odcięcia czegoś, co wysysa z ciebie energię, zapragniesz kontynuować usuwanie blokad. Możesz zechcieć oczyścić to, co najbardziej ogranicza twoją wolność, i jesteś do tego przygotowany. Możesz też postanowić, że pozwolisz jakiejś kwestii pojawić się w swojej świadomości bardziej organicznie. Kiedy już przyzwyczaisz się do zauważania zachowań, które są niezgodne z twoimi przekonaniami, będziesz zauważać coraz więcej. Może to brzmieć okropnie, ale nie jest, bo zamiast pokazu hańby będą ci się ukazywać możliwości zyskania wolności. Zauważyłam jeszcze coś: w miarę jak wykonuję tę pracę, w pewnym momencie staje się ona częścią mojej codzienności. Teraz to sposób, w jaki żyję. Zauważam problem i sobie z nim radzę. Proces płynie łatwo i organicznie, a ja odczuwam mniej stresu i wewnętrznego konfliktu.

STYL ŻYCIA Z CZYSTĄ ENERGIĄ

Kiedy już ustalisz początkową praktykę energetyczną i wprawisz się w głębokim oczyszczaniu powtarzających się zagadnień, będziesz mógł wejść w nowe życie ze swobodą. Wzmacnianie harmonii energetycznej i zdrowia energetycznego wymaga zmiany nawyków, tak samo jak utrzymanie dobrego zdrowia fizycznego. Tak naprawdę już ją wprowadziłeś. Teraz po prostu kontynuuj te praktyki i nadal rozprawiaj się z poważniejszymi kwestiami – jedna po drugiej.

W miarę nabywania doświadczenia opracujesz techniki, których będziesz potrzebować jedynie w wyjątkowych sytuacjach. Zauważysz, że gdy w twoim życiu zachodzą jakieś zmiany, sprawdzasz, czy twoje codzienne praktyki nadal są najodpowiedniejsze. Przekonasz się również, że w miarę odzyskiwania części siebie sam będziesz się zmieniać, a wraz z tobą zmienią się twoje praktyki. Im bardziej wolny się staniesz, im mniej kontrolować cię będą zewnętrzne okoliczności, tym większa będzie twoja strefa komfortu. Kiedy będzie stabilna, nie tak łatwo będzie ci zboczyć z kursu – i przeciwnie, szybciej będziesz zauważać, że coś jest nie tak, po czym ze spokojem i pewnością siebie się z tym uporasz.

Przykładowa osobista praktyka energetyczna

Poniższa propozycja oparta jest w znacznej mierze na mojej bieżącej praktyce. Jednak w chwili publikacji tej książki prawdopodobnie będzie wyglądać już inaczej. Pamiętaj, że praktyka zmienia się wraz z ewolucją zachodzącą w nas i w naszym otoczeniu. Zauważ również, że nie wspominam tu o pracy energetycznej, którą wykonuję dla domu. O niej napiszę w następnym rozdziale.

CODZIENNIE:

- poranna kawa i refleksja,
- poranny spacer i uziemienie,
- wieczorna modlitwa i błogosławieństwo (więcej o błogosławieństwach znajdziesz w rozdziale 10),
- w razie potrzeby: praca z oddechem, mycie rąk, świadomy konsumpcjonizm.

CO TYDZIEŃ:

- porządkowanie e-maili i sprzątanie biurka,
- yin joga.

CO MIESIĄC:

- usuwanie sznurów,
- odgracenie czegoś.

STALE:

- zapisywanie i oczyszczanie reakcji emocjonalnych oraz ocen mentalnych.

KONSEKWENCJE

Ta praca, to zajmowanie się ciałem energetycznym i wyzwalaniem całego siebie są niesamowite. Już jesteś fantastyczny, wiesz to. Ale część tej fantastyczności jest ukryta albo głodzona z powodu problemów z energią emocjonalną albo mentalną. Kiedy zwiększysz swoją wolność, twój świat się otworzy. Perspektywy, które nigdy wcześniej nie przychodziły ci na myśl, teraz będą wydawać się nie tylko możliwe, ale nawet prawdopodobne. Marzenia, które wydawały ci się najdroższe, mogą przestać cię interesować i zrobić miejsce większym, które będą ci się wydawać jeszcze bliższe i bardziej realne od starych. Zmienisz się. Niewykluczone, że w sposób, jakiego nie oczekiwałeś. Zawsze ufaj procesowi. Zawsze pamiętaj, że w miarę integrowania się w całość, stajesz się jedynie lepszym i bardziej zdolnym do pełnego wyrażania celu duszy w świecie.

Osoby z twojego otoczenia mogą chwilami nie doceniać tych zmian, zwłaszcza jeżeli same znajdują się w stanie reakcji automatycznej, kontrolowanej przez blokady emocjonalne lub mentalne. To nic zaskakującego. Wszyscy byliśmy świadkami takich sytuacji. Za każdym razem, kiedy zmieniamy się my albo ktoś z naszego otoczenia, konsekwencje tej zmiany przypominają efekt domina i wpływają na ludzi obecnych w życiu zmieniającej się osoby. Spróbuj mieć na uwadze, że ci, którzy wyrażają niezadowolenie z zachodzących w tobie zmian, są tak naprawdę przestraszeni, nawet jeżeli okazują to przez złość albo złośliwość (a może zwłaszcza jeśli tak się zachowują). Zechcesz traktować ludzi obecnych w twoim życiu w sposób odzwierciedlający twoje najgłębsze wartości i najwyższe ideały. To może nie zawsze być łatwe, może też wymagać nabrania pewnego dystansu przed ponownym nawiązaniem kontaktu i uzdrowieniem. Chociaż może to cię przerażać, ponieważ możesz stracić kogoś bliskiego, przynajmniej na krótką metę, jednak nie poddawaj się i stań się osobą, którą jest ci pisane być. Twoja podróż zabierze cię tam, dokąd powinieneś dotrzeć, i otoczy cię ludźmi, których potrzebujesz. To może być bardzo trudna sytuacja, ponieważ zawsze musisz mieć pewność, że skłaniasz się ku rozpoznaniu, a nie ocenie.

Kiedy już osiągniesz pewną stabilność w ciele energetycznym, zaczniesz aktywnie uczestniczyć we współtworzeniu siebie, co tak naprawdę jest wyzwalaniem się, będziesz mógł wykorzystać te umiejętności w odniesieniu do otaczającej cię przestrzenni, do tej energii, która wykracza poza twoje ciało energetyczne, a nawet do innych. Kontynuując tworzenie całego i wolnego siebie, masz możliwość świadomie uczestniczyć we współtworzeniu świata. Brzmi ekscytująco? Zatem czytaj dalej, przyjacielu.

CZĘŚĆ III

TWOJE OTOCZENIE

Wszystko jest ze sobą połączone, my wszyscy również. Rozumiemy tę koncepcję, ale akceptujemy również to, że jesteśmy osobnymi, wyjątkowymi istotami. Najwyraźniej rzeczywistość jest stworzona z tajemnicy i napięcia pomiędzy dwiema przeciwstawnymi ideami. Może to dlatego życie jest tak nieskończenie fascynujące. W miarę rozwijania umiejętności gospodarowania energią lepiej zdajemy sobie sprawę z tej sprzeczności. Jesteśmy jednostkami odpowiedzialnymi za własne ciała energetyczne. Wiemy też, że nasza energia wpływa na otaczający świat, tak jak środowisko wpływa na nas. Kiedy twoje zdolności rosną, linia oddzielająca ciebie od „nie-ciebie" robi się coraz cieńsza. Uświadomienie sobie tego otwiera niesamowite możliwości i niesie ze sobą ogromną odpowiedzialność. W końcu nie tylko dbasz o siebie, ale i tworzysz świat.

Zanim dojdziemy do przejawiania zmian, które wywierają wpływ na całą planetę, zaczniemy skromniej. Konkretnie rzecz biorąc, omówimy kroki, które należy podjąć, żeby mieć pewność, iż przestrzenie, w których najczęściej się przebywa, energetycznie wspierają nasze cele i wartości. Sądzę, że to ta część najbardziej wszystkich interesuje. Może to być naprawdę ciekawe i daje miejsce do twórczego popisu. Po tej ciężkiej pracy, jaką jest zajmowanie się własnym ciałem energetycznym, ta wyda się dużo łatwiejsza. Częściowo dlatego, że krzywa uczenia się będzie mniejsza, ponieważ znaczna część wiedzy i umiejętności, które zdobyłeś w poprzedniej części, łatwo przełożyć na tę.

Rozdział 9

PRZESTRZEŃ OSOBISTA

Niezależnie od tego, czy jesteś domatorem pracującym z domowego biura, wędrowcem przemierzającym świat i pracującym z dowolnego jego zakątka czy osobą dzielącą czas między dom, szkołę, pracę i samochód, masz pewną strefę wpływów. W przypadku osób, które dopiero uczą się kontrolować swoją energię i kierować nią, ta strefa jest prawdopodobnie mniejsza niż w przypadku osób praktykujących już od dłuższego czasu. Twoja strefa wpływów będzie rosła w miarę rozwijania się twoich umiejętności i pewności siebie. Stopień twojego wpływu na każdą przestrzeń zależy nie tylko od ciebie i twojej praktyki, ale również od energii tych, z którymi tę przestrzeń dzielisz, łącznie z duchami budynków czy ziemi zamieszkującymi tę przestrzeń albo akurat się w niej znajdującymi. To działa w obie strony. Twoja strefa wpływa na świat wokół ciebie, z kolei na ciebie wpływa energia zewnętrzna.

Ta symbiotyczna relacja oznacza, że w zależności od siły i woli pozostałych obecnych energii, prawdopodobnie nie będziesz w stanie po prostu całkowicie narzucić danej przestrzeni swoich pragnień. Jednak możesz wykorzystać swoją wiedzę do pielęgnowania tej energii, która najlepiej odzwierciedla twoje wartości. Być może przekonasz się, że twoja praca energetyczna wpływa na otaczających cię ludzi w sposób dla nich korzystny, więc korzyści będą obustronne. Ta ostatnia koncepcja jest naprawdę fascynująca i omówię ją dokładniej w następnym rozdziale.

Zamiast powtarzać ciągle: „twój dom, twoje biuro, twój samochód i tak dalej", co z czasem robi się naprawdę uciążliwe, będziemy się odnosić po prostu do „przestrzeni", rozumiejąc, że chodzi o dowolną przestrzeń, z którą akurat pracujesz. Możemy to zrobić, ponieważ zasady pozostają niezmienne, niezależnie od obszaru, o którym mowa. Oczywiście nie wszystkie techniki będzie można wykonać w każdej przestrzeni. Jest na przykład mało prawdopodobne, że możesz palić szałwię w swoim biurze czy boksie albo przy swojej kasie w sklepie. Możesz jednak wykorzystać inne metody, które są równie skuteczne. Wybór najodpowiedniejszej z omówionych poniżej opcji pozostawię tobie, twojemu zdrowemu rozsądkowi i znajomości okoliczności. W przypadku pracy z energią zawsze istnieją możliwości wyboru.

PIELĘGNACJA ENERGII PRZESTRZENI

Prawdopodobnie nie zdziwi cię informacja, że do oczyszczania przestrzeni można wykorzystać większość technik stosowanych do oczyszczania siebie. Nawet prawdopodobnie wyprzedzasz mnie już i wiesz, że część technik, z których już korzystałeś, wpłynęła na energię twojej przestrzeni. Na przykład, jeżeli w ramach oczyszczania bałaganu umysłowego zacząłeś sprzątać biurko i pulpit komputera, prawdopodobnie zauważyłeś, że energia obszaru, w którym pracujesz, również sprawia wrażenie łagodniejszej i spokojniejszej. A może zacząłeś uważać na fizyczne rzeczy, które posiadasz, i się o nie troszczyć. Ta relacja, którą uzdrowiłeś i wspierasz, zaczęła już promieniować z ciebie i tych przedmiotów do zajmowanej przez nie przestrzeni. Jak na górze, tak na dole, jak na dole, tak na górze… i wszystko jest połączone.

Jeżeli wykonywałeś również jakąkolwiek pracę oczyszczania siebie, która obejmuje twój dobytek albo twoją przestrzeń, prawdopodobnie rozwinąłeś także wrażliwość na energię w ogóle. Mogłeś zauważyć, jak energia przestrzeni zmienia się, kiedy wykonujesz konkretne działanie albo kiedy przechodzisz z jednej części miejsca pracy do innej. Wystarczy, że zwracasz uwagę, a już uczysz się wyczuwać to, co trudno ubrać w słowa. Im dłużej żyjesz w ten sposób, tym subtelniejsze staje się twoje postrzeganie i rozumienie różnych rodzajów energii.

Co robić, jeżeli nie czujesz energii w taki sposób, w jaki wyobrażasz sobie, że odczuwają ją inni? Co robić, jeżeli chodzisz cały dzień i czujesz tylko to, co uważasz za energię oczywistą, ale masz wrażanie, że pozostajesz ślepy i głuchy na subtelniejsze zmiany? Nie martwić się tym. Mamy do czynienia z energią metafizyczną. Nie istnieje obiektywny sposób jej rejestrowania i mierzenia. Pamiętaj również, że dróg poznania jest mnóstwo. Nie musisz mieć doznania fizycznego. Na przykład w przypadku pracy intuicyjnej i parapsychicznej mówi się o jasnowidzeniu. Jasnowidz dostrzega obrazy i interpretuje je w konkretne przesłania. Istnieją również inne „jasności". Jasnoczucie oznacza, że wyczuwa się różne informacje, często fizycznie. Mam wrażenie, że wielu osobom jasnoczucie wydaje się jedynym albo najlepszym sposobem odczuwania energii, ale tak nie jest. Jasnosłyszący z kolei słyszą informacje. Te trzy „jasności" należą do najczęściej omawianych.

Jako tarocistka zawsze byłam skonsternowana, że nie mam żadnej z tych „jasnych" umiejętności. Dopiero po latach pracy poznałam jeszcze jedną: jasnopoznanie. Oznacza ono, że po prostu coś się wie, bez widzenia, słyszenia czy czucia czegokolwiek. Najwyraźniej to właśnie była moja umiejętność – którą nie zawsze doceniam, ponieważ wiedza przychodzi w postaci myśli, a rozpoznanie, która myśl jest moja, a która pochodzi z zewnątrz, bywa bardzo trudne. Kiedy jednak rozmawiam z ludźmi mającymi inne umiejętności, dowiaduję się, że wszyscy mamy te same obawy. Pewnie – ktoś może coś „usłyszeć", ale nie zawsze wie, czy te słowa wzięły się z jego wnętrza czy z zewnątrz.

Chodzi o to, żebyś nie wytykał sobie braków ani w siebie nie wątpił, ponieważ uważasz, że nie czujesz energii odpowiednio albo wyraźnie. Wierz mi, jeżeli zajmowałeś się swoją energią, masz wystarczającą samoświadomość i zrozumienie, żeby pracować z energią zewnętrzną. Z czasem nauczysz się ufać sobie i swoim doznaniom. Co więcej, niekoniecznie musisz wyczuwać konkretną energię, żeby ją oczyścić. Istnieją inne sposoby na stwierdzenie, czy obecna jest nieodpowiednia energia. Tak naprawdę najlepszy i najskuteczniejszy sposób to świadomość, co czujesz, kiedy wszystko pozostaje w harmonii. Jeżeli wiesz, jakie odczucia wywołuje w tobie dom będący w harmonii energetycznej, to poznasz, kiedy harmonia ta zostanie zaburzona. W przeciwieństwie do pracy z własnym ciałem energetycznym nie musisz określać natury tej blokady i szukać jej przyczyn. Możesz po prostu wykonać oczyszczanie ogólne, żeby usunąć nieodpowiednią, zazwyczaj zastałą, energię.

Powinnam zaznaczyć, że tak jest w większości przypadków. Chociaż bywają bardziej kłopotliwe sytuacje energetyczne, takie jak zjawy albo zgorzkniałe duchy ziemi (zazwyczaj mają słuszny powód, żeby być zgorzkniałe), nie są w życiu codziennym aż tak powszechne, jak się może wydawać. Do nich najlepiej wezwać specjalistów. W życiu codziennym nie musimy radzić sobie z takimi zaawansowanymi przypadkami. Zazwyczaj będziesz w stanie całkowicie sam dbać o swoje przestrzenie, tak jak o własne ciało energetyczne.

Nawet jeżeli wydaje ci się, że nie potrafisz wyczuwać energii, wziąłeś tę książkę do ręki z jakiegoś powodu, a prawdopodobnie było nim wrażenie, że coś jest nie tak. Już samo to pokazuje, że jesteś w stanie wyczuwać energię. Uzbrojony w wiedzę nabytą podczas kierowania własną energią, jesteś gotowy pielęgnować zdrową energię w swoim otoczeniu. Kiedy już zaczniesz dążyć do harmonii energetycznej i żyć zgodnie z wyznawanymi zasadami, łatwiej będzie ci zauważyć, kiedy w otaczającej cię przestrzeni panuje dysharmonia. Jako istota o wolnej woli i mocy współtworzenia z wszechświatem masz możliwość pomóc otoczeniu odzyskać i utrzymać harmonię.

Ogólnie rzecz biorąc, znamy przeznaczenie przestrzeni, że się tak wyrażę. Są one tworzone z jakichś powodów. Domy są budowane po to, żeby zapewnić bezpieczne i wygodne dla ludzi miejsce, w którym mogą żyć, znaleźć spokój i odzyskać siły, tworzyć i kochać innych. Samochody mają bezpiecznie przewozić ludzi z miejsca w miejsce. W idealnych warunkach miejsce pracy ma być wygodnym i wspomagającym produktywność środowiskiem, w którym ludzie mogą dobrze pracować. Wiem, że czasami można mieć inne wrażenie, ale jeżeli w twoim miejscu pracy panuje energetyczna dysharmonia, możesz pomóc to zmienić. Już sama praca energetyczna, którą wykonałeś dla siebie, zacznie zmieniać energię w twojej pracy, ponieważ jeżeli ty żyjesz zgodnie z wyznawanymi wartościami – nawet jeśli inni nie – to wprowadzisz zmianę. Twoja harmonijna energia, która przejawi się w działaniach i zachowaniu, wywoła efekt domina. Możesz pomóc przestrzeniom przybliżyć się do wypełniania swojego celu, tak jak pomogłeś w tym sobie.

Teraz, kiedy już masz doświadczenie w oczyszczaniu własnej energii, przekonasz się, że oczyszczanie przestrzeni jest naprawdę łatwe. Mówię szczerze, oczyszczanie naszej wewnętrznej energii mentalnej i emocjonalnej to prawdopodobnie najtrudniejsza praca, jaką w życiu wykonamy. Większość książek albo krzywych uczenia się zaczyna się od rzeczy łatwych i dopiero w miarę, jak zagłębiamy się w temat, robi się trudniejsza albo bardziej złożona, ale tu jest na odwrót.

Ta metafora może nie zabrzmi zbyt mądrze, ale jest szansa, że będzie dla ciebie sensowna. Kiedy byłam młodsza i naprawdę zainteresowana kosmetykami, a na topie były prezentacje różnych produktów w domach, pamiętam, że prezenterzy na takich spotkaniach zawsze zaczynali od produktów do pielęgnacji skóry: oczyszczania, odżywiania i zabiegów specjalnych. Nigdy nie chcieli sprzedawać ciekawych rzeczy – szminek, cieni do oczu, tuszu do rzęs i tak dalej – dopóki skóra nie była w dobrym stanie. Mówili, że najpierw trzeba mieć zdrową podstawę, zanim zacznie się dodawać kolor.

Tak właśnie wygląda praca z energią. Musisz być silny, czysty i scentrowany w ciele energetycznym, zanim zaczniesz działać bardziej radykalnie na zewnątrz.

Ludzie od kosmetyków mieli jednak rację. Nieważne, ile koloru nałoży się na twarz, nie zastąpi on zdrowia skóry. Na podobnej zasadzie można oczyszczać jakąś przestrzeń dwa razy dziennie, ale jeżeli samemu nie ma się uporządkowanej energii własnej, nic się nie osiągnie. Nasza dysharmonia energetyczna będzie zanieczyszczać przestrzeń. Oczyszczenie tej ostatniej przyniesie jedynie krótkotrwały efekt. Mimo to nie musisz być „doskonały", żeby zajmować się otaczającą cię przestrzenią. Nigdy nie jesteśmy dziełem ukończonym, ale ruch ku zdrowiu i harmonii to co innego niż powtarzanie błędnego koła dysharmonii.

Należy pamiętać, że to my jesteśmy najważniejszym aspektem wszelkiej przyszłej pracy energetycznej, którą zechcemy wykonać. Częścią ciebie i twojej energii jest twoja wola. Opisane tu pomysły i procesy tworzą szablon, który możesz wykorzystać do stworzenia własnej, wyjątkowej praktyki. Wszystko, co zrobisz, powinno wypływać z twojego centrum, z twoich przekonań i wartości. Zdarza się, że trafiają się nam trudne okoliczności, na przykład musimy dzielić przestrzeń z antypatycznymi ludźmi, w miejscu pracy brakuje prywatności albo występują inne problemy, więc nie wszystkie z moich pomysłów się sprawdzą. Starałam się zawrzeć alternatywy, ale jesteś istotą twórczą i potrafisz opracować rozwiązania każdego problemu. Dla chcącego nic trudnego. Jeżeli chcesz dbać o energię jakiejś przestrzeni, znajdziesz sposób, żeby to robić niezależnie od sytuacji.

Według mojego systemu przekonań wszystko – łącznie z energią – jest połączone, nie tylko z wszystkim innym, ale również z Boskością. Nie odbieram Boskości jako sztywnej i wymagającej konkretnych, szczegółowych działań rytualistycznych, tylko jako płynną i skłaniającą się ku harmonii. Boskość pragnie z tobą pracować. Bądź otwarty, twórczy i odpowiedzialny.

Proces opisany poniżej to podstawowa metoda oczyszczania, pielęgnowania i zabezpieczania; wykorzystuję ją zarówno w przypadku przestrzeni, o których oczyszczenie jestem proszona, jak i własnego domu. Przeprowadzam go raz w miesiącu w ramach regularnej pielęgnacji, a także w razie potrzeby, na przykład wtedy, kiedy ktoś mnie odwiedzi. Zobaczysz, że możesz dopasować go do własnych potrzeb, zwłaszcza część pielęgnującą, żeby stworzyć energetyczną przestrzeń, która wspiera dokładnie to, czego pragniesz. Następnie skupimy się na wskazówkach dotyczących systematycznej pracy energetycznej w danej przestrzeni i przenośnych narzędziach energetycznych do utrzymywania innych rzeczy (samochodu, bagażu i tak dalej) w bezpieczeństwie i energetycznej harmonii.

PODSTAWOWE OCZYSZCZANIE, ZABEZPIECZANIE I PIELĘGNOWANIE PRZESTRZENI

Oczyszczanie

W przypadku oczyszczania przestrzeni, która jest dla ciebie nowa albo której jeszcze nigdy nie oczyszczałeś, poświęć chwilę na zapoznanie się z jej energią w obecnym stanie, zanim cokolwiek zrobisz. Zacznij od obejścia tej przestrzeni po obwodzie, idź wzdłuż każdej ściany, otwierając po drodze drzwi szaf, odsuwając zasłony prysznicowe, podchodząc jak najbliżej rogów pomieszczeń i zaglądając za drzwi, które zwykle pozostają otwarte. Ja nie otwieram wszystkich szafek i szuflad, ale ty możesz to zrobić, zwłaszcza te, które są otwierane rzadko.

Podczas tego początkowego przejścia po przestrzeni koncentruj się na dwóch rzeczach: zapoznaniu się z nią i zwracaniu uwagi na każdą energię, która jest ewidentnie „nie taka". Jeżeli poczujesz coś większego albo tak nieharmonijnego, że nie czujesz się na siłach to oczyścić, rozważ wezwanie specjalisty albo chociaż znajomego z większym doświadczeniem. Ogólnie możesz oczekiwać, że znajdziesz połączenie energii, która sprawia wrażenie odpowiedniej bądź harmonijnej, ze strefami stagnacji. Kiedy już raz oczyścisz jakąś przestrzeń, prawdopodobnie nie będziesz musiał jeszcze raz obchodzić jej z tym badawczym nastawieniem jak na początku. Ja staram się zachowywać jak największą prostotę, bo wtedy istnieje większe prawdopodobieństwo, że faktycznie coś zrobię. Jednak za pierwszym razem warto poświęcić ten czas zarówno po to, żeby przyzwyczaić się do metodycznego obchodzenia przestrzeni, zwracając uwagę wyłącznie na energię i nic poza nią, jak i żeby zaznajomić się z tym konkretnym miejscem.

Poruszenie i obudzenie energii

Energię przestrzeni można oczyścić na różne sposoby, ale w moim przypadku najlepiej sprawdza się proces dwustopniowy. Pierwsza część polega na poruszeniu i obudzeniu energii. Energię zastałą należy rozbić albo poruszyć, żeby łatwiej ją było usunąć. Energia odpowiednia lubi być od czasu do czasu obudzona, żeby nie popadła w stagnację. Pamiętaj, że energia ma płynąć. Do rozbicia i poruszenia energii preferuję dźwięk, więc używam dzwonka ręcznego. Jeżeli nie masz dzwonka, możesz klaskać, uderzać łyżką w garnek albo wypełnić mały pojemnik suchymi ziarnami i nim potrząsać. Nie musisz nic kupować. W przestrzeniach, w których dźwięk byłby nieodpowiedni, na przykład w biurze dzielonym z innymi, do poruszenia energii możesz użyć powietrza i dmuchać albo machać wachlarzykiem czy nawet dyskretnie ręką.

Wybierz przedmiot do generowania dźwięku albo inną technikę poruszającą energię oraz punkt, w którym zaczniesz działać. W przestrzeniach wielokondygnacyjnych zaczynam od samej góry i posuwam się w dół. Kiedy oczyszczam, poruszam się w kierunku przeciwnym do ruchu wskazówek zegara. To nie jest konieczne, zwłaszcza jeżeli nic dla ciebie nie znaczy. Ja postępuję zgodnie z założeniami mojej szkoły magicznej, w której do uwalniania energii wykorzystuje się ruch w lewo. Jeśli uważasz, że ta zasada ma sens, wykorzystaj ją, nawet jeżeli nie wchodzi ona w skład twojego obecnego systemu przekonań. Wszystko, czemu nadasz znaczenie symboliczne, wzmocni twoją pracę. Jak na górze, tak na dole.

Idź przez tę przestrzeń wzdłuż ścian, wyjątkową uwagę poświęcaj rogom, szafom i obszarom za drzwiami i meblami. Poruszaj się z umiarkowaną prędkością. Nie idź aż tak wolno, że cały proces zajmie dużo czasu (pokonasz tę trasę jeszcze kilka razy!), ale też nie za szybko, żebyś nie miał problemów z wyczuciem najbardziej nieustępliwych obszarów stagnacji. Jeżeli na takie trafisz, zatrzymaj się i tak długo hałasuj, aż poczujesz, że energia się poruszyła.

Zazwyczaj w trakcie hałasowania mówię do energii. Gdybym miała jakiekolwiek wyczucie muzyki albo rytmu, prawdopodobnie opracowałabym coś, co za każdym razem mogłabym intonować. Ponieważ go nie mam, rozmawiam z energią w taki sposób, w jaki rozmawiam z psem, kiedy nikt nas nie słyszy. Jestem pewna, że część czytelników wie, o co mi chodzi. Mówię takie rzeczy jak: „No dobra, czereda, czas na pobudkę! Rozruszajmy to wszystko. Ruchy, ruchy. Koniec ze spaniem. To do ciebie, tam w rogu. Patrzę na ciebie". Nie powinieneś naśladować cudzych słów, tylko być sobą. Nawiązujesz relację z tą przestrzenią, z energią w ogóle. Nie zaczynaj relacji od bycia kimś innym, niż jesteś. Ja mam raczej swobodny sposób bycia i czasami myślę, że jestem zabawna, więc tak mówię do energii. Wykorzystuj głos i słowa do przekazania idei pobudki i rozruszania apatii. Oczywiście jeżeli pracujesz w przestrzeni publicznej, gdzie nie możesz mówić na głos, wypowiadaj te słowa w myślach. To działa, tylko musisz być naprawdę skupiony. Rób to w całej przestrzeni.

Oczyszczanie

Wróć do punktu, w którym zacząłeś, żeby przejść do drugiej fazy: oczyszczania. To właśnie teraz aktywnie uwolnisz wszelką nieodpowiednią albo zastałą energię. Jeżeli nie mogłeś doczekać się użycia swojej wiązki szałwii, nadszedł moment na jej wyjęcie, chociaż równie dobrze możesz wykorzystać inną technikę oczyszczania. Każde kadzidło, które kojarzysz z oczyszczaniem, będzie odpowiednie. Możesz też spryskać przestrzeń wodą naenergetyzowaną światłem słonecznym albo kryształami. Skuteczne jest także przejście z zapaloną świecą (albo latarką, jeżeli podrażnia cię dym). Przejście się z latarką ze smartfonu jest dyskretną, ledwo zauważalną metodą, którą można wykorzystać w miejscu publicznym.

Oto kilka wskazówek co do palenia wiązki szałwii. Robi się to tak samo jak w przypadku kadzidła. Podpala się niewielką część wiązki, czeka chwilę, po czym zdmuchuje płomień. Szałwia powinna się tlić, a nie płonąć. Jeżeli wiązka jest mocno ściśnięta, miej przy sobie zapalniczkę (najlepiej z długą rurką) na wypadek, gdyby zgasła. Jeśli tak się stanie, po prostu podpal ją ponownie, a później ewentualnie dmuchaj lekko w żar, żeby go podsycać. Jeżeli wiązka jest luźna, trzymaj pod nią talerz albo inny żaroodporny przedmiot do łapania popiołu, ponieważ będzie go więcej niż w przypadku wiązki ściśniętej mocno.

Do oczyszczania wodą używaj przeznaczonej tylko do tego butelki ze spryskiwaczem, zwłaszcza jeżeli dodajesz olejki eteryczne. Jeżeli nie masz spryskiwacza albo nie chcesz rozpylać wody, wlej wodę do kubka z uchwytem, żeby było łatwo ci go nosić i drugą ręką skrapiać przestrzeń wodą. Zanurzaj w kubku kilka palców i strzepuj z nich wodę. Nie musisz zalewać przestrzeni, wystarczy symboliczna ilość wody. Kiedy używasz świecy, załóż na nią okapnik wystarczająco szeroki, żeby wyłapywał ściekający wosk.

Idź tą samą trasą i w tym samym kierunku, co podczas pobudzania energii. Upewnij się, że dym, woda albo światło są kierowane przez całą przestrzeń, zwracaj uwagę na te same punkty skrywające zastałą energię (w rogach, za drzwiami i tak dalej). Teraz również przemawiaj do energii, mów jej, czego od niej pragniesz. Możesz opracować stałe zwroty albo zagadywać energię tak, jak ja to robię. Wydaję jej polecenia typu: „Wszelka nieodpowiednia albo zastała energio, wracaj do ziemi, gdzie zostaniesz wysłana w należne ci miejsce" oraz, ponieważ lubię się rozśmieszać: „Nie musisz iść do domu, ale tutaj nie możesz zostać". Informuję ją jednak, że tylko żartuję, bo naprawdę musi iść do domu.

Kiedy skończysz, zdmuchnij świecę, jeżeli jej używasz. Jeśli używasz wiązki szałwii, możesz na chwilę zanurzyć jej czubek w wodzie, tak żeby ugasić żar, ale nie zamoczyć całej wiązki. Ja mam kocioł wypełniony piaskiem i po oczyszczaniu wtykam żarzący się koniec wiązki w ten piasek. Jeden z moich nauczycieli powiedział, że po skończeniu oczyszczania szałwią należy pozwolić reszcie wiązki wypalić się w ramach ofiary. Ja tego nie robię. Moja wiązka jest gruba i mocno spleciona, wystarcza na bardzo długo. Nawiązałam z nią relację. Zawsze dziękuję swoim narzędziom, ale nie czuję potrzeby składania ich w ofierze po każdym użyciu.

Zabezpieczenie

To wszystko, co trzeba zrobić, żeby oczyścić przestrzeń, ale na tym nie poprzestajemy. Kiedy jest ona już czysta, chcemy utrzymać ją w tym stanie. Innymi słowy, chcemy zabezpieczyć energię. Jako że lubię prostotę i wydajność, stawiam sieć ochronną. To nie ma nic wspólnego z technologią ani nie jest tak skomplikowane, jak może się wydawać. Raz do roku rozsypuję sól dookoła swojej nieruchomości, a na parapetach kładę żołędzie (które zbieram każdej jesieni). Przed rozsypaniem soli i rozłożeniem żołędzi błogosławię je i programuję na ochronę i zabezpieczenie energii domu, prosząc je, żeby wpuszczały wyłącznie energię korzystną i odpowiednią. Możesz stosować runy, kryształy albo dowolne kamienie, które twoim zdaniem mają energię ochronną. Jak widzisz, ja lubię zabezpieczać energię przedmiotami związanymi z ziemią, ale ty nie obawiaj się być twórczy i wykorzystywać to, co jest sensowne dla ciebie.

Kiedy masz już rozłożone zabezpieczenie, nie musisz obchodzić nieruchomości za każdym razem, kiedy wykonujesz tę pracę (ja powtarzam ją raz w miesiącu). Możesz stanąć pośrodku przestrzeni albo w tym miejscu domu, w którym zazwyczaj wykonujesz pracę magiczną bądź duchową (jeżeli akurat oczyszczasz dom i w ogóle masz w nim takie miejsce). Stań pewnie, uziemiony i scentrowany, niczym w pozycji góry. Wykorzystując oddech, głęboko wdychaj silną, ochronną energię ziemi. Następnie wydychaj tę energię daleko do krawędzi swojej przestrzeni, sięgając nią i wzmacniając sól, żołędzie, runy czy kamienie. Zwizualizuj energetyczną granicę swojej przestrzeni i zobacz, że jest ona silna i żywa. Ja często wizualizuję również ścianę ognia wznoszącą się na tej granicy i spalającą wszelką zastałą energię oraz oczyszczającą obszary potrzebujące wzmocnienia.

Pielęgnowanie

To ostatni krok, w którym napełnisz przestrzeń pożądaną energią. Tworzenie przestrzeni, która wspiera życie zgodne z wyznawanymi wartościami, jest wielce pomocne. Chociaż możemy żyć zgodnie ze swoimi ideałami w dowolnej sytuacji, nieważne jak strasznej czy trudnej, łatwiej jest to robić w pomocnym środowisku. W tej części używam grzechotki, którą przeznaczyłam do błogosławieństw. Możesz używać specjalnie zrobionej grzechotki albo nawet pojemnika z suszonymi ziarnami fasoli bądź ryżu. Nada się również spryskiwacz z wodą różaną albo lawendową. Tak jak przy oczyszczaniu, skuteczne będzie także kadzidło kojarzone z energią, którą chcesz pielęgnować, świeca albo latarka.

Zanim zaczniesz podążać tą samą trasą, co przy pierwszym i drugim kroku, poświęć chwilę na określenie, jaką dokładnie energię chcesz zaprosić. Za każdym razem może być taka sama, ale może też być różna. Moja lista zależy od tego, co dzieje się akurat w moim życiu (albo pracy, ponieważ pracuję z domu). Ja staram się ograniczać do pięciu rodzajów energii, żeby ich nie zapomnieć ani nie pomieszać. Powiedzmy na przykład, że chcemy zaprosić spokój, miłość, twórczość i obfitość. Tym razem idę zgodnie z kierunkiem ruchu wskazówek zegara, ponieważ w mojej tradycji to kierunek energetyzowania, ale – tak jak wcześniej – stosuj się do tego tylko wtedy, gdy ma to dla ciebie sens, chociaż sugerowałabym, żebyś szedł w przeciwną stronę niż podczas oczyszczania. Zapraszam pożądane energie, wzywając je na głos (w przestrzeni publicznej albo dzielonej z innymi możesz robić to w myślach), raz po raz, aż stają się niemal mantrą – tylko tak potrafię nadać słowom pewien rytm. Co kilka powtórzeń dziękuję tej energii za przybycie i bycie częścią naszego domu, a cały czas grzechoczę, rozprzestrzeniając wezwaną energię.

Zakończenie procesu

To takie proste. Jak ze wszystkim, za pierwszym razem możesz się czuć niezręcznie, ale po kilku powtórzeniach proces będzie ci się wydawać naturalny i nie zabierze dużo czasu. Tak jak regularne czyszczenie zębów u dentysty pomaga zapobiegać ubytkom, tak dzięki regularnemu wykonywaniu tych podstawowych czynności utrzymasz swoją przestrzeń świeżą i wspierającą.

Przekonasz się w dodatku, że sytuacje kryzysowe, które zwykle każą nam łapać za wiązkę szałwii, zdarzają się coraz rzadziej. Sugeruję ustawienie przypomnienia w kalendarzu, bo czas naprawdę leci i łatwo zapomnieć o oczyszczaniu. Znam to z własnego doświadczenia.

Przez osiem lat, do września 2015 roku, miałyśmy w domu wielkie kochane psisko, berneńczyka o imieniu Norman. Ze wszystkich mieszkańców domu Norman był najbardziej wyczulony na energię i w bardzo osobliwy sposób pokazywał, że nadszedł czas na zajęcie się nią. Kiedy nas opuścił, nikt mi o tym nie przypominał i ja sama o tym nie myślałam – aż do chwili, oczywiście, kiedy energia zrobiła się ciężka i wstrętna, a my czułyśmy się okropnie. Zaczęłyśmy się zastanawiać, o co może chodzić, i nagle uświadomiłyśmy sobie, że nie ma już z nami Normana, naszego energetycznego barometru, i minęło już wiele miesięcy, odkąd ostatni raz oczyszczałam dom.

To pokazuje, że niekorzystna energia łatwo się kumuluje do problematycznych ilości, i nawet ktoś, kto powinien wiedzieć lepiej, może o tym zapomnieć. Teraz mam to w kalendarzu. Wybrałam pierwszy piątek miesiąca. Podoba mi się idea rozpoczynania nowego miesiąca ze świeżą energią. Piątek wydawał mi się sensowny: to dzień planety Wenus, a ona jest związana z Bykiem. Ten znak zodiaku słynie z upartości (teraz, gdy o tym myślę, taki właśnie był Norman – uparciuch spod znaku Byka). Byk jest również kojarzony z rzeczami, które cenimy, a ja pracuję z energią, żeby wspierać realizowanie swoich wartości w życiu, więc dla mnie piątek to sensowny wybór. Jak już pisałam, twój sposób działania nie musi pokrywać się z moim. Rozważ, co ma znaczenie dla ciebie.

Oto wykaz czynności wchodzących w skład podstawowego procesu oczyszczania, zabezpieczania i pielęgnowania energii w domu:

1. Oczyszczanie, część 1 – poruszenie i pobudzenie (żeby rozbić energię).
2. Oczyszczanie, część 2 – oczyszczenie właściwe (żeby usunąć nieodpowiednią i zastałą energię oraz ożywić energię odpowiednią).
3. Zabezpieczenie – żeby utrzymać świeżość przestrzeni pomiędzy jednym a drugim oczyszczaniem.
4. Pielęgnowanie – żeby zaprosić upragnioną energię.

TECHNIKI „ODŚWIEŻACZE POWIETRZA"

Nazywam te techniki „odświeżaczami powietrza", ponieważ przypominają mi odświeżacze, które pomagają utrzymać ładny zapach pomiędzy jednym a drugim sprzątaniem albo wspierać konkretną energię. Pod tą nazwą kryją się metody, których niektórzy – jak wyczytałam w różnych książkach – używają zamiast regularnego oczyszczania w sposób podany powyżej. Chociaż sprawdzają się u niektórych osób, u mnie nie zadziałały, dlatego opracowałam własny proces. Każdy jest inny, więc wypróbuj różne metody i przekonaj się, która jest najlepsza dla ciebie.

Kryształy, kamienie i runy można ukryć w przestrzeni pod meblami albo na framudze drzwi (może zabezpiecz je taśmą albo kitem klejowym). W zależności od tego, jakie przedmioty wybierzesz, mogą one oczyszczać, zabezpieczać albo pielęgnować energię. Zastanów się, które przedmioty wydają ci się odpowiednie i podejmij świadomą decyzję na temat celu, któremu będą służyć. Istnieją niezliczone książki i publikacje internetowe, które wymieniają tradycyjne bądź magiczne związki. Niektórzy zbierają te przedmioty raz do roku i oczyszczają poprzez umieszczenie pod bieżącą wodą, okadzenie dymem szałwii albo wystawieniem na światło księżyca w pełni bądź słońca.

Często rozstawia się w przestrzeni miseczki z solą, żeby wchłaniała nieodpowiednią, zastałą albo wyjątkowo pobudzoną energię. Jak najbardziej możesz wykorzystać zwykłą sól kuchenną, ale wiele osób woli sól różową albo czerwoną hawajską. Sole te nabierają koloru ze względu na wysoką zawartość żelaza. Sól czerwona jest wykorzystywana na Hawajach do oczyszczania i błogosławienia przedmiotów oraz przestrzeni, podobnie do szałwii, której używa wiele kultur, głównie rdzenni Amerykanie. Można też rozpuścić sól w wodzie i spryskać nią przestrzeń. Kiedy zapraszam większą liczbę ludzi albo osoby, których dobrze nie znam (a zatem nie znam ich energii), umieszczam trochę soli i kroplę olejku lawendowego pod wycieraczką, żeby oczyścić energię wchodzącą do mojego domu i pobudzić spokojną u każdej osoby. Mógłbyś zrobić coś podobnego przy progu twojego biura, boksu albo miejsca pracy.

W dowolnym momencie można oczywiście zapalić świecę albo kadzidło. Jeżeli lubisz używać ich regularnie, bardzo prosto jest zapalić je z intencją, prosząc je o oczyszczenie albo pielęgnowanie energii, w zależności od potrzeby. Jak zwykle wybierz kadzidło, które wspiera energię, którą chcesz pielęgnować. Niektórzy wybierają świece w kolorze symbolizującym konkretną energię. Istnieje wiele źródeł traktujących o teorii koloru. Tu również najważniejsze jest wybranie tych, które sprawdzają się w twoim przypadku. Na przykład w chińskiej teorii koloru czerwień symbolizuje obfitość. Jednak w Stanach Zjednoczonych zwykle jest ona kojarzona z namiętnością, wolą albo miłością, natomiast dla dobrobytu wybiera się zieleń (kolor naszej waluty i obfitości ziemi).

Dzwoneczki wietrzne umieszczone na werandzie albo w pobliżu okien emitują impulsy energetyczne, kiedy wydają dźwięk. Ogólnie rzecz biorąc, mniejsze dzwoneczki o lżejszych dźwiękach tworzą jaśniejszą energię o wyższej wibracji, jak radość i nadzieja. Głębsze dźwięki wzmacniają stabilną, głęboko zakorzenioną energię ziemi. Można je wymieniać w zależności od potrzeb albo powiesić różne, żeby stworzyć zrównoważone doznanie energetyczne.

Jestem jak najbardziej za wykorzystywaniem materiałów, które ma się pod ręką, ale jeżeli możesz pozwolić sobie na pieniężną inwestycję, doskonałe do utrzymania płynącej, spokojnej, lekkiej energii są fontanny stołowe, szczególnie takie z malutkimi dzwoneczkami, które przypadkowo wydają przyjemne dźwięki. Płynąca woda, jak wiesz, wspaniale oczyszcza energię, więc ustawienie fontanny w swojej przestrzeni zdecydowanie utrzyma świeżość. Delikatne dzwonienie subtelnie ożywia ogólną energię przestrzeni.

Z mojego doświadczenia wynika, że najbardziej prozaicznym i najlepszym sposobem na wzmocnienie czystej, płynącej i harmonijnej energii jest utrzymywanie danej przestrzeni w ładzie i fizycznej czystości. Mówi nam to również intuicja. Na studiach śmiałam się z koleżankami, że zawsze sprzątamy swój pokój, gdy tylko mamy zasiąść do pracy nad ważnym esejem albo uczyć się do egzaminu. Zakładałyśmy, że to prokrastynacja, ale jakaś część nas wiedziała, że praca w czystej przestrzeni najlepiej wesprze naszą energię i skupienie. Niezależnie od wybranych metod nie trzymaj w swojej przestrzeni nic, co nie wspiera ogólnej energii, którą chcesz pielęgnować. Dziwna ozdóbka, której nie lubisz, ale postawiłeś w widocznym miejscu z poczucia obowiązku, będzie ciągle gromadzić energię urazy za każdym razem, kiedy na nią spojrzysz, w konsekwencji generując ją i rozsiewając. W tym sensie wszystko znajdujące się w twoim domu przypomina energetyczny odświeżacz powietrza… i nie wszystkie „zapachy" są przyjemne.

Pozostając przy przyziemnym temacie sprzątania: środki, których używasz, mogą wpłynąć na energię domu. Wielu z nas już myśli o toksyczności produktów czyszczących i to zdecydowanie należy uwzględnić podczas ich wyboru. To skomplikowana sprawa, która wymaga dokładnego zgłębienia, a potrzeby każdego człowieka są różne, więc nie mogę ci nic w tym zakresie doradzić, oprócz tego, żebyś miał świadomość tego zagadnienia i podejmował przemyślane decyzje.

Mimo to, jeżeli tak jak wiele osób obecnie, używasz do czyszczenia głównie wody, octu i sody oczyszczonej, możesz dodać do nich olejki eteryczne, żeby przyzwać konkretną energię. Nie pomyl olejków eterycznych z aromatami do pieczenia. Piszę o tym, bo kiedyś sama nie wiedziałam, że jest między nimi jakaś różnica. Nawet jeżeli używasz produktów ze sklepu, możesz po prostu przetrzeć powierzchnie jeszcze raz wodą z olejkami. Nie dodawałabym olejków eterycznych do produktów chemicznych ze sklepu, bo nie wiem, czy nie doszłoby do jakiejś niekorzystnej reakcji. Zanim rozetrzesz olejek mięty pieprzowej (i każdy inny) na jakiejś powierzchni, sprawdź w mało widocznym miejscu, czy jej nie uszkodzi. Dodając olejki, zachowaj umiar, bo wystarczy ich niewielka ilość. Gdy zaczynałam uwzględniać energię podczas porządków domowych, usłyszałam, że olejek z mięty pieprzowej przyciąga obfitość. Miało to dla mnie sens, ponieważ mięta rozrasta się jak szalona, więc jest uosobieniem obfitości! Umyłam zatem podłogi wodą z tym olejkiem. Trochę z nim przesadziłam i dom pachniał tak, jakby wybuchła w nim tubka pasty do zębów. Dobrze, że była wiosna i mogłam otworzyć okna.

Wodą z dodatkiem olejku eterycznego można myć nie tylko podłogi, ale również parapety, futryny drzwiowe i listwy podłogowe. Miejsca te są zazwyczaj pomijane, a na ignorowanych niewielkich, poziomych powierzchniach może zatrzymać się energia. Poza tym, ponieważ mnóstwo energii przepływa przez drzwi, oczyszczający i wzmacniający ją próg będzie pomagać. Wyobrażam to sobie jak metafizyczną myjnię samochodową, która przygotowuje każdego, kto wchodzi albo wychodzi, do bycia najlepszą wersją siebie.

Na rynku dostępne są różne mieszanki olejków eterycznych, na przykład Thieves, która jest używana do oczyszczania. Agua de Florida, która zawiera olejki eteryczne, ma bazę alkoholową, więc uważaj w pobliżu ognia. Jest używana do wielu celów, od oczyszczania, przez ochronę, po poprawę nastroju. Sama nigdy nie wykorzystywałam wspomnianych mieszanek, ponieważ wolę pojedyncze zapachy albo mieszanki, które wykonuję sama do konkretnych celów. Jednak obie te dostępne w sprzedaży są powszechnie używane i zasługują na wzmiankę w każdej książce poświęconej pracy z energią.

Istnieje również produkt sprzedawany pod nazwą Reckitt's Crown Blue Squares (soda z ultramaryną – przyp. tłum.), który jest używany do optycznego wybielania prania. Wykorzystują go również niektóre ludowe tradycje magiczne. Rozpuszcza się kostkę w wodzie i rozstawia w miseczkach w przestrzeni (tak jak sól) albo spryskuje przestrzeń (jak opisałam powyżej we fragmencie o oczyszczaniu), żeby ją oczyścić i ochronić. Nie próbowałam go osobiście, ale znam ludzi, którzy za niego ręczą.

Bardzo popularne są też lampy z soli himalajskiej i mówi się, że robią wszystko od oczyszczania energii, przez energetyzowanie przestrzeni i wspomaganie snu, po poprawę skupienia. Nie wiem, czy rzeczywiście robią każdą z tych rzeczy, ale wiem, że zarówno sól, jak i światło świetnie oczyszczają energię. Istnieją inne sposoby na użycie soli w przestrzeni, ale tak jak w przypadku fontanny stołowej, to może być przyjemna inwestycja, jeżeli u ciebie sól dobrze się sprawdza. Zanim jednak nabędziesz lampę solną, sprawdź działanie miseczek z solą.

Kolejny produkt, którego nie próbowałam, to kryształki kamfory. Niektórzy ludzie umieszczają kryształek w misce z wodą i stawiają ją pod łóżko, żeby oczyścić energię domu. Te stare remedia ludowe są bardzo interesujące, ale jeżeli coś ze mną nie współbrzmi, nie widzę sensu stosowania tego. Poza tym często powtarzam ludziom, żeby nie kupowali niczego nowego, skoro wystarczą rzeczy codziennego użytku. Mimo to nie zamykaj się na nowe pomysły. Nigdy nie będziesz mieć pewności, dopóki czegoś nie spróbujesz, a jeżeli ciekawość popycha cię do jakiegoś przedmiotu, może istnieć ku temu powód. Ufaj swojemu instynktowi.

Wspominam tych ostatnich kilka produktów, żebyś nie był zaskoczony albo nieprzygotowany, gdy zaczniesz poszukiwania w sieci bądź okolicznym sklepie metafizycznym. Kiedy ludzie znajdują coś, co sprawdza się u nich, chętnie opowiadają o tym z entuzjazmem. To świetnie – dzięki temu niejednokrotnie możemy znaleźć produkty, które zadziałają i dla nas. Jednak entuzjazm może przerodzić się w nawracanie, a wtedy ludzie zaczynają twierdzić, że dany przedmiot jest bez porównania lepszy od tego, który ty akurat chcesz wybrać. Chcę, żebyś wiedział, że to niekoniecznie zgodne z prawdą. Na przykład Agua de Florida ma głębokie kulturowe powiązania z Południem i hoodoo. Osoby, z którymi ta świadomość rezonuje, nawet jeżeli nie zostały wychowane w religii hoodoo albo jej nie praktykują, prawdopodobnie odniosą znacznie lepsze rezultaty stosowania Agua de Florida. Jednak ze mną, dziewczyną ze Środkowego Zachodu, ona prawie w ogóle nie współgra, więc raczej nie byłaby lepsza od jakiejkolwiek innej rzeczy, której bym użyła. Gdyby było coś, co działa równie skutecznie dla wszystkich, wiedzielibyśmy o tym, bo – bądźmy szczerzy – któż nie wolałby łatwego, w stu procentach niezawodnego rozwiązania, od prób i błędów, eksperymentów i ciężkiej pracy? Bądź więc otwarty i ciekawy, ale również rozsądny.

Przykładowy harmonogram pracy z energią przestrzeni

CODZIENNIE:

- słanie łóżka,
- wieczorne porządki.

CO TYDZIEŃ:

- zwyczajowe sprzątanie domu z intencją.

CO MIESIĄC:

- oczyszczanie domu (jak opisano w tym rozdziale).

CO ROK:

- ochrona: sól wokół nieruchomości, żołędzie na parapetach, magiczne woreczki do samochodów, ponowne naenergetyzowanie run do torebek, plecaków i walizek.

W RAZIE POTRZEBY:

- oczyszczanie po klientach, przygotowanie wycieraczek, kadzidła, świece.

PRZENOŚNE NARZĘDZIA ENERGETYCZNE

Ludzie często noszą na albo przy sobie symboliczne przedmioty w konkretnym celu, takie jak szczęśliwa moneta albo afirmacja w portfelu, mały kryształ w kieszeni czy amulet w roli biżuterii. Nie zawsze uważamy je za część pracy z energią, ale tym właśnie są. Szczęśliwa moneta ma przyciągać energię korzystną dla naszych przedsięwzięć. Afirmacja może przypominać nam o skupianiu się na uznaniu własnej mocy. Amulet przyciąga taki rodzaj energii, na który został zaprogramowany, na przykład ochronny. Niektórzy umieszczają kilka przedmiotów w magicznym woreczku. Wszystko można zaprogramować intencją przyciągania albo odpychania energii.

Raz do roku, kiedy otaczam nieruchomość solą i układam w oknach żołędzie, odświeżam również przedmioty przenośne. W samochodach mam woreczki z solą, żołędziem i runą z symbolem algiz (eolh). Runy zrobiłam z modeliny, którą wypala się w piekarniku. Wszystkie trzy przedmioty mają nas chronić. Kiedy robiłam runy, wypiekłam sobie ich zapas, żeby były pod ręką. Jedną noszę w torebce i zawsze wkładam po jednej do każdej sztuki bagażu, którą zabieram w podróż.

Ochrona nie jest jedynym celem używania takich przenośnych przedmiotów przyciągających energię. Mały kwarc różowy może udzielać energii miłości. Odrobina lawendy wspiera uczucie spokoju. Karta tarota albo wyroczni czy nawet kawałek papieru z zapisanym słowem może pielęgnować energię, którą symbolizuje. Przenośne narzędzia energetyczne nie ograniczają się do noszonych przez nas przedmiotów. Część znanych mi kobiet maluje paznokcie na konkretny kolor albo używa pewnych zapachów symbolizujących energię, którą chcą wyrażać w świecie. To może zabrzmieć banalnie, ale uśmiech albo życzliwe słowo mogą generować potężną energię.

Lubię używać przenośnych narzędzi energetycznych w życiu codziennym, ale są one tylko dodatkiem, ponieważ najskuteczniejszą pracą energetyczną, jaką można wykonać w ciągu dnia i na świecie, jest dbanie o własne ciało energetyczne. Nie miej wrażenia, że koniecznie musisz coś stworzyć i nosić przy sobie przez cały czas. Już to robisz: sam jesteś chodzącym, przenośnym generatorem, dystrybutorem i kierownikiem energii. Skoro już o tym mowa, nadszedł czas na najbardziej ekscytujące i najważniejsze aspekty pracy z energią: przejawianie zmiany w świecie poprzez bycie chodzącym błogosławieństwem.

Rozdział 10

WSPÓŁTWORZENIE ŚWIATA POPRZEZ BŁOGOSŁAWIEŃSTWA

Czy czujesz się pełen mocy? Jeżeli wykonałeś już kilka powyższych sugestii – powinieneś. Zmieniasz się z osoby skrępowanej przeszłością, podatnej na reakcje automatyczne, a nie świadome, i oddzielonej od wyznawanych wartości w osobę wolną, odpowiadającą na świat i innych świadomie oraz będącą ucieleśnieniem celu swojej duszy. Zmieniasz swoje środowisko z wypełnionego zastałą i nieodpowiednią energią w przestrzeń płynącej bez przeszkód, zdrowej energii, która wspiera twoje najgłębsze wartości.

Praca, którą wykonujesz, jest magiczna i niesamowita. Po zrobieniu tego wszystkiego każdy byłby dumny. Ale jest coś więcej, co możesz zrobić: brać udział w tworzeniu harmonijnej przyszłości. Uważam, że to skutecznie mogą robić wyłącznie ludzie, którzy uwolnili się i nauczyli panować nad własną energią. Tak naprawdę czasami podejrzewam, że całe zło na świecie jest utrzymywane przez tych, którzy nie wykonali pracy ze swoim cieniem. Sądzę, że to prawda częściowo dlatego, że dopóki pozostajemy kontrolowani i reagujemy automatycznie, nie dostrzegamy niemal nic oprócz własnych problemów – nie dlatego, że jesteśmy samolubnymi gburami, ale dlatego, że jesteśmy zranieni, delikatni i potrzebujemy pomocy, a nie oceny. Poza tym wykorzystanie tej możliwości wymaga pewnego poziomu pewności siebie zrodzonej z doświadczenia.

Przejście od tworzenia (czy dokładniej rzecz biorąc, ujawniania) siebie i kierowania osobistym środowiskiem do współtworzenia przyszłości jest całkiem logiczne. Jest również darem i zaszczytem. Co więcej, jest odpowiedzialnością każdego, kto chodzi po tej planecie. Niezależnie od tego, czy sobie to uświadamiamy czy nie, wszyscy tworzymy przyszłość swoimi działaniami i ich brakiem. Jeżeli żyjesz, to tworzysz – nawet jeśli o tym nie wiesz. Większość ludzi kroczy przez świat, przejawiając i tworząc, w ogóle nie zdając sobie z tego sprawy.

Ty jednak jesteś świadomy swojej mocy. Mówi się, że z potęgą wiąże się ogromna odpowiedzialność. Zaniedbując ten aspekt pracy energetycznej, wyrzekasz się swojego potencjału i odmawiasz światu energetycznego lekarstwa, które możesz mu zapewnić. Nie musisz z tą pracą czekać, aż będziesz całkowicie uzdrowiony albo wyszkolony – możesz i powinieneś zacząć już teraz. Jesteś tutaj, żeby wyrażać swoje człowieczeństwo jako chodzące błogosławieństwo dla wszelkiego życia. Zaufaj mi, po całej tej ciężkiej pracy, którą wykonałeś do tej pory, ta wyda ci się zabawą. Ja tak naprawdę czuję się dzięki niej jak współczesny święty Mikołaj, kiedy obdarowuję świat dla samej radości z tego płynącej. Mam nadzieję, że znajdziesz takie samo spełnienie, gdy zaczniesz zasypywać świat swoją magią.

TWORZENIE ŚWIATA

Obiecałam, że ta część będzie przyjemna, i taka właśnie jest. Ale najpierw muszę omówić kilka ważnych koncepcji, które niekoniecznie są zachęcające. Po tym fragmencie nie wrócę już do trudnych rzeczy. Nie pomijaj go jednak, bo w końcu chcesz, żeby twoja praca była jak najskuteczniejsza.

Ortodoksja hojności to współczesny, radykalny ruch chrześcijański, którego zasady można wykorzystać niezależnie od swojej duchowej ścieżki albo jej braku. Ci, którzy ją praktykują, zmieniają chrześcijański dogmat tak, żeby był bardziej otwarty, elastyczny i miłujący. Temat jest oczywiście znacznie bardziej złożony, ale tu chodzi nam o ogólną zasadę. Mówi ona, że aby coś uzdrowić, trzeba to pokochać. To może być najtrudniejsza część tworzenia przyszłości za pomocą pracy ze zdrową energią. Wymaga to od nas wyjścia poza dualność „my kontra oni", poza rzeczy, które nas dzielą, poza emocjonalną reaktywność, poza mentalne oceny. Ruch ten przypomina nam, że wszyscy mamy rany, jesteśmy pełni lęku i niepokoju, a ocenianie i ataki jedynie wywołują dalsze szkody. Ortodoksja hojności zależy od zdrowego rozpoznania i kierowania się miłością. Każda osoba zainteresowana przyczynieniem się do uzdrowienia świata (i wszystkich na nim żyjących) oraz stworzeniem lepszej, zdrowszej przyszłości dla całego życia, musi pokochać ten świat i jego mieszkańców takimi, jakimi są, tak jak może uzdrowić siebie, wyłącznie zaczynając od miłości.

Kiedy myślimy o zmienianiu świata, często skupiamy się na zdrowych aktywnościach, jakby tylko one wpływały na świat. Nie zdajemy sobie sprawy, że wszystkie nasze działania, niezależnie od tego, czy są pełne miłości, niezdrowe czy złośliwe, tworzą zmianę. Wierzę, że to prawda, i jest to ważny powód, dla którego powinniśmy zająć się własnymi ranami i problemami. Jeżeli przeskakujemy od starania się naprawdę mocno, żeby zrobić kilka dobrych uczynków, do wściekania się na otaczający nas świat, nasze działania się znoszą.

Pamiętasz historię chłopca pytającego dziadka o dwa wilki? To właśnie tak. Powiedziano mi również, że to przypomina teorię pola. Energia zawsze przepływa wokół nas. Kiedy jest w nas, kształtujemy ją, nadajemy charakter i nastrój oraz przemieniamy, zanim uwolnimy z powrotem do świata poprzez każde działanie, głęboko żywione przekonania i pielęgnowane emocje. Odróżniam silnie żywione myśli od myśli przelotnych. Te ostatnie to koncepcje i sugestie, które się pojawiają, a my możemy zadecydować, czy chcemy je rozważyć czy puścić. Te głęboko żywione to myśli, które pielęgnujemy. Podobnie emocje pielęgnowane są inne od doświadczanych, ponieważ sam fakt odczuwania emocji nie oznacza, że ją trzymamy i pielęgnujemy. Dzięki pracy energetycznej nauczyliśmy się, że możemy uwolnić emocję z powrotem do ziemi, gdzie zostanie przemieniona i przesłana w najodpowiedniejsze miejsce.

Uważam, że zrozumienie tego jest ważne, ponieważ czasami odnosi się wrażenie, że koncepcje takie jak prawo przyciągania można wyznawać aż do przesady, przez co żyje się w ciągłym lęku przed swoimi myślami i emocjami. Ludzie kierujący się dobrymi chęciami wytykali mi czasem używanie słów, które uważali za negatywne. Moim zdaniem wszechświat nie jest prawnikiem poszukującym kruczków albo gaf, żeby tylko za coś nas ukarać. Nie chcę, żebyś żył w niepokoju, obawiając się popełnienia jakiegoś horrendalnego błędu, który stworzy w świecie dysharmonię, ponieważ użyjesz pewnego słowa albo przelotnie poczujesz jakąś emocję. Tego rodzaju myślenie w najlepszym wypadku rozprasza, a w najgorszym – paraliżuje.

Nasze chwilowe myśli i uczucia niekoniecznie karmią wilka dysharmonii. Jeżeli jednak jakieś były pielęgnowane wystarczająco długo, żeby przejawić się jako działania, słowa, systemy przekonań i ekspresje emocjonalne, to rzeczywiście karmią któregoś z wilków. To wpływa na nasze ciało energetyczne oraz tendencje energetyczne w świecie.

Poświęćmy chwilę na przypomnienie sobie, że nawet kiedy nie praktykujemy pielęgnowania dobrej energii, to nadal energię pielęgnujemy. Wzmacniamy ją na drobne sposoby, które się kumulują. Przeklinanie albo krzyczenie na innych kierowców na drodze może wydawać się niegroźnym sposobem na danie upustu emocjom, ponieważ nikt nas zwykle nie słyszy, i może nawet jakieś badania psychologiczne tego dowodzą. Ale uważam, że na dłuższą metę cena, jaką płacimy za to my i świat, przewyższa korzyści. Poza tym, jak wiesz, istnieją inne sposoby na radzenie obie z energią frustracji. Wyrażanie takiej wściekłości i frustracji karmi tę energię w nas i wpływa na energię nas otaczającą. Nie mogę oceniać, czy ta energia jest korzystna czy niekorzystna dla innych ludzi. Wszyscy decydujemy, jaka energia wspiera nasze wartości i przekonania, ale jestem gotowa się założyć, że wściekłość i frustracja nie znajdują się wysoko na niczyjej liście ważnych wartości życiowych.

Zwracanie na to uwagi może być trudne, zwłaszcza kiedy mamy do czynienia z ludźmi albo koncepcjami sprzecznymi z naszymi przekonaniami. Na przykład, jeżeli wierzymy w równość małżeńską i rozmawiamy akurat z kimś, kto jej nie uznaje, łatwo nam myśleć o tej osobie oceniająco, a nie z ciekawością. A za każdym razem, kiedy myślimy coś zbliżonego do: „Jak w ogóle można tak myśleć? Jak można być tak głupim?", wzmacniamy energetyczną skłonność do gnębienia innych. Naszą intencją może być wspieranie akceptacji, ale ponieważ nasze słowa i przekonania są zasilane oceną, nie robimy nic, żeby zwiększać tolerancję – wręcz przeciwnie.

To łączy się z koncepcją ortodoksji hojności, ponieważ musimy pamiętać, żeby działać z energetyczną harmonią, która nie obejmuje oceniania, zawiera natomiast ciekawość. Zamiast pytać: „Jak w ogóle można tak myśleć? Jak można być tak głupim?", możemy szczerze zapytać: „Możesz opowiedzieć mi coś więcej o swoich przekonaniach?". Dzięki temu możemy poznać przyczynę tego przekonania, może ono być na przykład skutkiem głębokiej rany emocjonalnej wywołanej szkodliwym wychowaniem religijnym. Możemy dostrzec w tym rozgniewanym dorosłym przelęknione dziecko bojące się oddzielenia od rodziny, kiedy trafi do piekła. Zwiększymy swoją zdolność tworzenia przyszłości pełnej harmonijnej akceptacji, jeżeli zajmiemy się tym zranionym dzieckiem, zamiast wykłócać się z rozzłoszczonym dorosłym.

Prawdopodobnie nie możemy rozmawiać bezpośrednio z tym wewnętrznym dzieckiem, ale możemy stworzyć energetyczną skłonność, która ostatecznie będzie sprzyjała uzdrowieniu. To wymaga czasu – czasami długiego. Na przykład, jeżeli masz krewnego, współpracownika albo znajomego, którego opinie są sprzeczne z twoimi, po prostu wysłuchaj go, zamiast przewracać oczami albo wygłaszać potoczystą, żarliwą przemowę. Po wysłuchaniu zadaj pełne ciekawości i szacunku pytania, a następnie znowu go wysłuchaj. Nie próbuj szerzyć swoich przekonań, tylko zapewnij mu przestrzeń do rozwinięcia jego koncepcji. Niech pozna cię jako osobę, z którą można bezpiecznie rozmawiać. Kiedy wyrazisz szacunek i ciekawość wobec jego opinii, prawdopodobnie w końcu odwdzięczy ci się tym samym.

Powstanie w ten sposób most, który umożliwi dyskusję zamiast kłótni. Znajdziecie obszary, w których się zgadzacie, i będziecie mogli na nich budować. Być może odkryjecie, że macie te same cele, ale inaczej je realizujecie. To może brzmieć jak drobnostka, ale w społeczeństwie, w którym ludzie z różnych partii politycznych nawet nie potrafią ze sobą rozmawiać, to ważny krok.

Wiem, że w obecnym świecie natychmiastowej gratyfikacji może być trudno wykazać się cierpliwością i wykonywać głęboką pracę polegającą na tworzeniu przyszłości. Uwierz mi, każdego dnia bywam daleko od swoich wartości. Ważne jest, żeby zmierzać we właściwym kierunku, a kiedy z niego zboczymy, skorygować kurs niczym dobry pilot samolotu. Praca z energią to długa gra. Tak naprawdę najwyraźniej istnieje możliwość wykonywania jej na jeszcze głębszym i szerszym poziomie, o czym dopiero niedawno się dowiedziałam. Nie jest to coś, o czym czytałam, ale czego doświadczyłam, i nadal to rozgryzam. Jeżeli jesteś ciekawy, zajrzyj do dodatku B.

Żeby zakończyć bardziej optymistycznie: tak jak nasze działania mogą spowodować niezamierzone zmiany energetyczne sprzeczne z naszymi ideałami, tak drobne działania wspierające nasze wartości mogą zasilać ekscytujące i harmonijne pola energetyczne. Podczas konferencji, w której brałam udział, moja koleżanka Sasha miała cudowną prezentację na temat tarota, magii i mocy odważnego stawiania czoła swojemu cieniowi. Wręczyła każdemu uczestnikowi malutką solniczkę brokatu z dołączonym słowem albo zwrotem. Te drobne podarunki były jej sposobem na wysłanie swojej energii w świat. Moja druga koleżanka otrzymała pojemniczek z napisem „ruch".

Koleżanka ta przechodziła właśnie kryzys w życiu; wiedziała, że coś musi zmienić albo coś zrobić, ale nie była pewna, czego tak naprawdę chce. W ciągu dwóch miesięcy postanowiła rzucić pracę, zapakować dobytek do samochodu i wyruszyć na poszukiwanie swojego prawdziwego ja. Plan wdrożyła w życie w ciągu sześciu miesięcy. Ostatnią rzeczą, którą zrobiła, było posypanie siebie i samochodu brokatem z tego pojemniczka. Ta drobna rzecz – odrobina brokatu i karteczka z napisem „ruch" – stała się częścią pola energetycznego, które sprawiło, że koleżanka ruszyła, wstrząsnęła energią swojego życia.

Jestem pewna, że Sasha nie wiedziała dokładnie, w jaki sposób jej działanie energetyczne się rozwinie, po prostu żyła zgodnie z wyznawanymi wartościami, dawała z tej najlepszej części siebie i wywarła głęboki, harmonijny i piękny wpływ na życie przynajmniej jednej osoby. Nigdy nie wiadomo, jaki drobny czyn stanie się częścią większej zmiany. Nawet jeżeli czujesz, że nie możesz podejmować ogromnych działań, nadal możesz stanowić część zmiany skłonności świata ku harmonii.

BŁOGOSŁAWIEŃSTWA

Przez ostatnich kilka lat moją ulubioną czynnością było udzielanie błogosławieństw. Zaczęło się pewnej jesieni, kiedy przechodziłam intensywny trening szamański do rytuału przesilenia zimowego. Wraz z innymi uczniami zostałam wyszkolona jako osoba błogosławiąca. Nauczyliśmy się, jak prosić naszych sprzymierzeńców, pomocne duchy i otaczający nas świat o użyczenie energii do pobłogosławienia uczestników rytuału. Oczywiście część szkolenia obejmowała przygotowanie siebie przez zajęcie się własnym ciałem energetycznym. Praca była tak niesamowita i satysfakcjonująca, że po skończeniu kursu nadal zgłębiałam sztukę błogosławienia. W głównej mierze opierałam się na cudownej, pełnej łaski i mądrości książce Johna O'Donohue *To Bless the Space Between Us*.

Możesz się zastanawiać, co wspólnego z pracą energetyczną ma błogosławienie ludzi. Zaczęłam uważać, że błogosławienie to rodzaj pracy z energią, kiedy zostałam przeszkolona, by prosić duchy i przyrodę o użyczenie mi energii. W miarę zgłębiania tematu zastanawiałam się, w jaki sposób błogosławieństwa różnią się od modlitw. Istnieją między nimi pewne podobieństwa, a pod pewnymi względami modlitwa również jest pracą energetyczną. Błogosławienie innych jest bardziej aktywne i wzmacniające niż modlitwa – to ważna różnica, która do mnie przemawia. Błogosławieństwo zostaje udzielone danej osobie (albo osobom) bezpośrednio, co wydaje się bardziej osobiste i intymne, natomiast modlitwa to rozmowa z Boskością w czyimś imieniu. Błogosławieństwo to coś, czego się udziela, ruch energii w czyjąś stronę, a modlitwa wymaga działania w czyimś imieniu.

Błogosławieństwo to bezpośredni sposób współtworzenia, natomiast w modlitwie brak bezpośredniego zaangażowania. Mnie poza tym podoba się poetycka, łagodna i pełna łaski atmosfera błogosławieństwa.

W niniejszej książce starałam się używać jak najbardziej neutralnego języka. Ryzykuję ze słowem „błogosławieństwo", ponieważ jest mi ono tak drogie. Jeżeli to słowo ci nie odpowiada, mam nadzieję, że zamienisz je w myślach na „pracę z energią" albo inny termin, który wydaje ci się odpowiedniejszy.

JAK BŁOGOSŁAWIĆ

Zanim omówimy, jak błogosławić, powinniśmy ustalić zasady na temat tego, kto może to robić. Czy trzeba być przeszkolonym albo wyświęconym? Czy trzeba osiągnąć pewien poziom energetycznej harmonii? Czy trzeba być w zasadzie doskonałym? Na szczęście odpowiedzi na te pytania są przeczące. Prawda jest taka, że każdy może błogosławić. Jeżeli ktoś kicha, a ktoś inny mówi „na zdrowie", właśnie udzielił błogosławieństwa. Jeśli przyjaciel wyjeżdża na wakacje i życzysz mu bezpiecznej podróży, udzielasz mu błogosławieństwa. Niektóre błogosławieństwa zostają udzielone bez towarzyszącej im intencji albo świadomości ich udzielenia, tylko są zdawkową i automatyczną reakcją.

Błogosławieństwa dzieją się cały czas i zawsze są miłymi, pożądanymi kroplami harmonijnej energii. Dlaczego więc nasza grupa miała na przykład szkolenie z błogosławienia na rytuał przesilenia? Sądzę, że z tego samego powodu, dla którego ludzie szkolą się w różnych rzeczach: żeby robić to lepiej. Niemal każdy jest w stanie zastosować się do wskazówek i upiec ciasto, narysować dom albo zaśpiewać. Ludzie, którzy chcą być lepsi, szybsi, bardziej wydajni albo osiągnąć konkretny wynik w jakiejkolwiek dziedzinie, czy to będzie pieczenie, rysowanie czy śpiewanie, ćwiczą. Szkolenie może obejmować udział w zajęciach albo postępowanie zgodnie ze wskazówkami zamieszczonymi w książce albo na YouTube. Zawsze wymaga praktyki. Niezależnie od tego, jak dużo czytasz, jeżeli nie będziesz ćwiczyć, nie zrobisz postępów. Ta sama zasada dotyczy błogosławieństw. To prawda, nie istnieje wiele szkoleń ani książek, które uczyłyby tej sztuki. Żeby zdobyć wprawę w błogosławieniu, powinno się praktykować oczyszczanie energii, zabezpieczanie jej i pielęgnowanie, co już robisz. Pomogą również poniższe akapity.

Szczerze mówiąc, chyba jednym z wielu powodów, dla których uwielbiam błogosławienie, jest to, że jest ono takie łatwe, a jednocześnie daje ogromną satysfakcję osobistą. Czy kiedykolwiek przyrządziłeś proste danie, którym zachwycali się twoi goście i byli pewni, że jest bardzo skomplikowane? Albo wykonałeś ręcznie coś niezwykle prostego, ale wyglądającego naprawdę kunsztownie? Albo, jeszcze lepiej, miałeś kiedyś taki dzień, że stoczyłeś się z łóżka, założyłeś wygodne, praktyczne ubranie, a wszyscy prawili ci komplementy? Moim zdaniem błogosławienie przynosi taki nastrój, jak wymienione doświadczenia – niemal jakby niezasłużone było dostawanie tych komplementów (w przypadku dania) albo ogromne uczucie rozgrzewające serce (w przypadku błogosławienia) w zamian za tak niewielki wysiłek.

Podzielmy mój sposób udzielania błogosławieństwa na poszczególne kroki – nie dlatego, że istnieje jakiś ustalony proces, ale żeby tobie było łatwiej opracować własny. Nie trzeba sztywno przestrzegać opisanych poniżej etapów, moje błogosławieństwa często wypływają z serca spontanicznie i po prostu się wydarzają. Poniższa technika odzwierciedla najpowszechniejszy porządek, według którego zwykle wszystko robię. Błogosławieństwo wymaga czterech rzeczy: energii, odbiorcy, intencji i nośnika.

Energia

Żeby udzielić skutecznego błogosławieństwa, musisz pielęgnować ten rodzaj energii, który je poprawnie ożywi. Ponieważ udzielone przez ciebie błogosławieństwa będą zgodne z twoimi wartościami, już tę energię pielęgnujesz, więc nie musisz wykonywać dodatkowej pracy. Nie musisz się martwić o zmniejszenie własnych zasobów energetycznych, bo energia ma płynąć. Gdy jakaś jej część z ciebie wypływa, więcej jej wpływa do twojego ciała. Energia napływająca jest oczyszczana i pielęgnowana dzięki twojej osobistej praktyce energetycznej, po czym jest gotowa do wypłynięcia z powrotem w świat. Kolejny dobry powód, żeby utrzymywać swoją energię w harmonii jest taki, że zawsze masz to, czego potrzebujesz, kiedy udzielasz nieplanowanego błogosławieństwa.

Oprócz wykorzystywania własnej energii możesz korzystać z innej, tak jak nas nauczono do rytuału na przesilenie. Uważaj, skąd pobierasz taką energię, żeby nie wnieść nieodpowiedniej do swojego zadania. Nigdy nie czerpałam energii od innej osoby i tego nie polecam. Niektórzy nazywają to wampiryzmem energetycznym, nawet jeżeli zostało udzielone pozwolenie, i prawdopodobnie nie mieści się to w ramach twoich wartości i ideałów. Poza tym nie można mieć pewności co do stanu energetycznego drugiej osoby, jeżeli nie jest się wykwalifikowanym bioenergoterapeutą. Ja zazwyczaj pobieram energię od przyrody, zwłaszcza od drzew w mojej okolicy, z którymi nawiązałam relację.

Chociaż podczas szkolenia szamańskiego pobierałam energię od przodków i pomocnych duchów, teraz w praktyce osobistej tego nie robię. Istnieją przyczyny teoretyczne, które nie odnoszą się do treści tej książki, ale jest też taka, że to nie wydaje mi się konieczne. Na tym świecie jest mnóstwo energii, poza tym dodawanie kolejnej warstwy czy kroku komplikuje coś, co może być proste, zgrabne i łatwe. Jeżeli zamierzasz poprosić przyrodę o użyczenie ci energii, zawsze proś o pozwolenie i pamiętaj o podziękowaniu, kiedy skończysz. Skoro to jednak książka dla początkujących, najprościej jest polegać na własnej energii – i to zwykle robię. Naprawdę, twoja energia wystarczy.

Odbiorca

Oprócz energii do błogosławieństwa potrzebujesz również jego odbiorcy. Możesz pobłogosławić jedną osobę, kilka albo ogromną grupę. Możesz nawet pobłogosławić cały świat i każdego człowieka na nim żyjącego. Nie tylko ludzie mogą skorzystać z błogosławieństwa. Zwierzęta, zwłaszcza te nasze domowe, które same błogosławią nas obecnością w naszym życiu, to wspaniali odbiorcy błogosławieństw. Można również błogosławić przedmioty, miejsca, projekty, rozmowy i wydarzenia, na przykład samochody, domy, książkę, list albo ślub. Czasami błogosławię e-mail albo list, wysyłam go z miłością i zrozumieniem. Błogosławię rękopisy, proszę, żeby miały wartość dla osób, które sięgną po wersję końcową książki. Jako że wszystko, co istnieje, jest stworzone z energii, napełnienie dowolnej rzeczy odpowiednią, harmonijną energią korzystnie na nią wpływa. Jeżeli uważasz, że coś może skorzystać z błogosławieństwa, prawdopodobnie tak właśnie jest.

Ważne, żeby pamiętać o koncepcji ortodoksji hojności. Nasza relacja z odbiorcą albo postawa wobec niego jest kluczowa. O'Donohue (autor wspomnianej wcześniej książki *To Bless the Space Between Us*) mówi: „Za każdym razem, kiedy jedna osoba rozciąga troskę swojego serca nad drugą, ma moc ją pobłogosławić"*. Dopóki nie otoczysz odbiorcy swoją miłością, twoja moc błogosławienia będzie ograniczona.

---

* John O'Donohue, *To Bless the Space Between Us* (New York: Doubleday, 2008), s. 207.

Musimy zatrzymać się i rozważyć kwestię pozwolenia: czy do udzielenia komuś błogosławieństwa potrzebujemy jego pozwolenia? Wykonanie pracy magicznej w imieniu osób, które nie wyraziły na to zgody w świecie magii uchodzi za nieetyczne. W przypadku bardziej sformalizowanych form bioenergoterapii, jak choćby reiki, terapeuci nie pracują z czyjąś energią bez jego zgody. Czy pobłogosławienie kogoś wymaga wcześniejszej aprobaty? Na to pytanie będziesz musiał odpowiedzieć sobie sam. Skoro sama pracuję także z magią i skoro uważam, że praca z energią i magią są ze sobą mocno splecione, można by pomyśleć, że mam większy problem z tą kwestią. Co dziwne, nie mam. Nigdy nie będę czynić magii dla kogoś bez jego zgody, jednak zupełnie dobrze czuję się, kiedy błogosławię każdego i nawet o tym nie wspominam. W każdej chwili życia wpływamy na energię otaczających nas osób, a ich energia wpływa na nas. Nikt nie pyta o zgodę na to, bo byłoby to niewykonalne, ponieważ i tak większość energii jest wyrażana na poziomie nieuświadomionym. Czasami coś jest skomplikowane, ale podejmujemy jak najlepsze decyzje. Na razie będę błogosławić świat bez skrupułów i wątpliwości.

Intencja

Celem błogosławieństwa jest, w ideale, przekazanie korzystnej, odpowiedniej energii. Błogosławieństwa mogą być życzeniem ogólnej życzliwości albo, jak to określają poganie, „największego dobra wszystkich istot".

W świecie nigdy nie będzie zbyt dużo życzliwości, więc jeżeli kiedykolwiek poczujesz przypływ uczucia dla świata, ale nie będziesz pewny, jak to najlepiej okazać, uwolnij energię jako błogosławieństwo życzliwości.

Błogosławieństwa mogą oczywiście być też konkretne. Można je wykorzystać do bezpiecznej podróży, odnalezienia siły w ciężkich chwilach albo kierownictwa w chwili zagubienia. Samochody można pobłogosławić, żeby zapewniały bezpieczeństwo i gładko działały. Domy można błogosławić do wszystkiego, co chcemy w nich pielęgnować. Pojawia się pytanie, skąd wiemy, czy dana energia jest odpowiednia dla odbiorcy albo pozostaje z nim w harmonii. Sam fakt, że coś jest dobre dla nas, nie oznacza jeszcze, że będzie to dobre dla wszystkich innych. Ja polegam na rozróżnieniu, zdrowym rozsądku i wierze. Robię wszystko, co w mojej mocy, żeby zorientować się, czy jakieś błogosławieństwo jest odpowiednie i udzielam go z intencją przysłużenia się najwyższemu dobru odbiorcy. Zadajemy trudne pytania na temat energii metafizycznej, której nie możemy poznać z całą pewnością, a także na temat istot ludzkich, które są naprawdę skomplikowane. Sugeruję, żebyśmy wszyscy jak najlepiej się starali i wierzyli, że dążymy ku uzdrowieniu i harmonii.

Nośnik

Intencja, kiedy zostanie już określona, potrzebuje nośnika, który ją przekaże, innymi słowy: przejawi w świecie. Większość błogosławieństw kształtują słowa, które można zapisać albo wymówić, a kiedy wskazana jest cisza, wypowiedzieć w myślach. Błogosławieństwa można również udzielić pieśnią, muzyką albo dotykiem. Jeżeli chcesz wykorzystać dotyk, zawsze najpierw poproś o pozwolenie. W przeciwieństwie do samego błogosławieństwa, którego można udzielić bez pozwolenia, dotykanie bez niego innych zawsze jest nie w porządku. W tej książce skupimy się na słowach, żeby zachować prostotę. Kiedy już użyjesz słów i poczujesz takie kierownictwo, możesz zacząć odkrywać wykorzystanie muzyki, dotyku albo nawet namaszczania oliwą bądź wodą. Błogosławieństwa zapewniają kreatywności mnóstwo przestrzeni.

Mogą być poetyckie albo proste i bezpośrednie. Ja uważam, że powinny odzwierciedlać najlepszą część nas, nawet jeżeli jeszcze w pełni jej nie przejawiliśmy. Wyrażając ją w błogosławieństwie, pomagamy jej zaistnieć w pełni. Konkretne słowa, kadencja albo jej brak nie są ważne, jednak często używane jest słowo „niech" albo „oby" (w języku angielskim w obu przypadkach stosowane jest słowo *may*, dla przejrzystości lektury od tego miejsca używane będzie tylko *niech*, ale proszę pamiętać, że chodzi również o *oby* – przyp. tłum.). John O'Donohue tłumaczy dlaczego. Co prawda używa chrześcijańskiej terminologii, ale niech cię to nie zniechęci. Ma na myśli dokładnie to, co omawiamy na tych stronach. Użyty przez niego język wyjaśnię po cytacie.

> Językiem błogosławieństwa jest inwokacja, wezwanie. Dlatego pojawia się słowo „niech" (...), to słowo błogosławieństwa. Wyobraża i przywołuje spełnienie pragnienia. W ewokacji naszych błogosławieństw tutaj słowo „niech" to źródło, przez które przywoływany jest Duch Święty, by objawił się i zadziałał. Duch Święty to subtelna obecność i tajemnica kryjąca się tu za każdym błogosławieństwem*.

O'Donohue używa słowa „niech", ponieważ to słowo błogosławieństwa, które również wyraża zamiar obdarowania. Kiedy pisze on: „Wyobraża i przywołuje spełnienie pragnienia", ma na myśli to samo, co my, kiedy gromadzimy i kierujemy energię. Koncepcja, że „niech" jest otwarciem, przez które wzywany jest i się objawia Duch Święty, to inny sposób na stwierdzenie, że „niech" to środek, którym kierujemy energią w sposób, jaki wpływa na świat. O'Donohue mówi, że Duch Święty to energia kryjąca się za błogosławieństwami, my natomiast mówimy, że nasze błogosławieństwa ożywia pielęgnowana przez nas energia metafizyczna.

Oto przykład na moje twierdzenie, że różne ścieżki głoszą wiele tych samych zasad duchowych. Czasami język sprawia, że tego nie dostrzegamy. Szkoda, że piękne prawdy umykają nam z powodu semantyki, ale to zrozumiałe, zwłaszcza kiedy ktoś ma rany zadane przez konkretną tradycję. Jeżeli tak jest w naszym przypadku, nie dostrzegamy tych prawd, dopóki

* Ibid., xvi.

nie znajdziemy ich wyrażonych słowami, które nas nie zniechęcają. Zatem mimo że O'Donohue tak dokładnie i doskonale opisał funkcję słowa „niech" w błogosławieństwach, dodam swoje omówienie. Zamiast myśleć o „niech" jak o otwarciu, postrzegam je jako magiczną różdżkę, która umożliwia mi kształtowanie i kierowanie energii dokładnie tak, jak tego pragnę.

Nie musisz używać słowa „niech". Twoje błogosławieństwa powinny odzwierciedlać twoje unikatowe dary. Nawet nie trzeba używać konkretnego słowa ani formułki. Niektórzy wolą mieć jakąś metodę, ponieważ łatwiej stworzyć coś na podstawie szablonu. Inni wolą całkowitą wolność artystyczną. Jeżeli ciekawią cię niezwykłe błogosławieństwa, zachęcam do lektury książki Johna O'Donohue. Jeśli chciałbyś zobaczyć zwykłe błogosławieństwa, w dodatku A wymieniam część tych, których udzieliłam. W międzyczasie zbadajmy twórcze sposoby dzielenia się swoją harmonijną energią ze światem.

PRAKTYKI TWÓRCZYCH BŁOGOSŁAWIEŃSTW

Przekazywanie daru energii może mieć formę prostych słów wypowiedzianych do jakiejś osoby albo zapisanych na kartce. Czasami błogosławieństwa są udzielane grupie na jakimś wydarzeniu albo ceremonii. To cudowne sposoby na podzielenie się z innymi i ze światem starannie pielęgnowaną energią. Kiedy wykonujemy codzienne obowiązki, w oczy rzuca się nam to, jak bardzo potrzebujemy błogosławieństw. Wystarczy, że ujrzymy zestresowanego współpracownika, zagubionego przyjaciela, energię złości ludzi stojących w długiej kolejce albo dowolną liczbę nagłówków wiadomości płynących codziennie przez media, żeby znaleźć miejsca odpowiednie do pobłogosławienia. Kiedy już zaczniesz doświadczać nieopisanej satysfakcji płynącej z pracy z energią i coraz bardziej zestrajać się z wyznawanymi wartościami oraz ideałami, zechcesz robić więcej. Oto kilka na to sposobów. Może podsuną ci one na myśl inne pomysły do wypróbowania.

Jedną z moich ulubionych rzeczy jest błogosławienie dzielnicy, zanim pójdę spać. Zaczęło się raczej egoistycznie. Moja żona wyjechała w długą podróż, a ja wpadłam w nawyk kierowania energii ku granicy naszej nieruchomości w celu ochrony. Pewnego wieczoru zaczęłam się zastanawiać, czy byłabym w stanie wysłać ją dalej. Okazało się, że tak, więc doszłam do wniosku, że równie dobrze mogę ochraniać jak najwięcej domów. Powoli, dzień po dniu, praktyka ta zmieniła się z samej ochrony w przekazywanie innej energii, innych błogosławieństw każdego wieczoru. Wyobrażałam sobie, że sieję ziarna, które z czasem wykiełkują i zaczną rozprzestrzeniać się jeszcze dalej.

Robiło się coraz zimniej (a w Minnesocie zimy są naprawdę ostre) i myśli o osobach niemających domu ściskały mi serce, więc dodałam błogosławieństwo wygody i ciepła. Każdego wieczoru przez całą zimę błogosławiłam dzielnicę ciepłem i jeszcze jednym błogosławieństwem. Nadal wykonuję tę pracę, stała się ona ważną częścią mojej rutyny, tą, której wyglądam. Każdego wieczoru błogosławieństwo jest inne i nigdy nie znam go zawczasu. Inspiracja zawsze nadchodzi, jakby jakaś mądra i troskliwa istota szeptała mi do ucha. Mimo że nikt nie słyszy tego błogosławieństwa, mam wrażenie, że to jedno z moich najpotężniejszych działań.

Pewnego wieczoru wydarzyło się coś interesującego. Kiedy skończyłam już błogosławieństwo, ale jeszcze wyglądałam przez okno, zobaczyłam wyjeżdżający z sąsiedztwa samochód. Natychmiast pomyślałam: „I wy – bierzecie to błogosławieństwo ze sobą i szerzycie wszędzie, dokąd się udacie, jest ono zaraźliwe". Dobrze wiedzieć, że robię coś, nawet malutkiego, żeby uczynić świat lepszym miejscem. To jeden z wielu darów błogosławienia.

Błogosławienie nie tylko sprawia, że czuję się dobrze, ale czasami też czuję się jak tajny agent zaprowadzający uzdrowienie i harmonię. Dawno temu nauczyłam się metody rzucania zaklęć polegającej na tym, że programuje się drobny gest, na przykład splecenie palców, jako sposób na bezgłośne i szybkie rzucenie zaklęcia. Ta technika ma świetne zastosowanie w pracy z energią i w błogosławieniu. Tak jak słowo „niech" uważa się za źródło, portal albo różdżkę, ja stworzyłam ruch – proste zetknięcie palca wskazującego z kciukiem w geście „OK", następnie szybkie wyprostowanie palca – który działa na zasadzie różdżki rozprzestrzeniającej energię błogosławieństwa. Gdy w czasie normalnych czynności mijam ludzi, nikt nie zauważa tego ruchu, kiedy bezgłośnie ich błogosławię. Czasami w ten sam sposób używam uśmiechu, chociaż to jest bardziej zauważalne, bo wtedy staram się nawiązać kontakt wzrokowy. Szybkie wyprostowanie palca to małe błogosławieństwo, jak miła niespodzianka albo poczęstunek. Uśmiechy są trochę bardziej intymne. W obu przypadkach rozprzestrzeniam jak najwięcej życzliwości, żyjąc zgodnie z wyznawanymi zasadami i błogosławiąc wszystkich, których mogę. Jeżeli ty, drogi czytelniku, zaczniesz robić to samo, czy potrafisz wyobrazić sobie przyszłość, którą tworzymy?

Moja znajoma błogosławi wszystkie pieniądze, jakie przechodzą przez jej ręce, żeby szerzyły hojność i dobrobyt, kiedy trafiają od osoby do osoby. Można to robić ze wszystkim. Doskonałym sposobem jest błogosławienie pożywienia, którym dzielimy się z innymi. Jeżeli robi się je samemu, można przesycić je energią tak, żeby potrawa odżywiała nie tylko ciało, ale i duszę. Ciasteczka albo inne przysmaki robione na przyjęcia w domu albo biurze czy wymianę na przykład można przesycić słodyczą. Komu nie przydałaby się jej odrobina w życiu? Pożywienie, pieniądze, prezenty… naenergetyzować można wszystko, dzięki czemu dana rzecz będzie jeszcze bardziej wyjątkowa.

PODSUMOWANIE

Istnieje wiele możliwości rozprzestrzeniania zdrowej, odpowiedniej i harmonijnej energii w świecie. Jesteś piękną istotą posiadającą taką moc i zdolność. Poprzez miłe słowo, wspaniałomyślny uczynek, okazanie zrozumienia, pielęgnowanie akceptacji emocjonalnej, rozwijanie ciekawości możesz oczyszczać, zabezpieczać i pielęgnować energię. Robiąc to, będziesz pełniej i łatwiej realizować wyznawane zasady każdym słowem i działaniem, tym samym żyjąc zgodnie z celem duszy i tworząc świat wspierający wszystko, co żyje. Jeżeli przyszłość jest jasna, to dlatego, że twoja magia stanowi część jej tworzenia.

Prace nad niniejszą książką rozpoczęłam pod koniec okresu wyborczego w 2016 roku. Wydarzenia tego dnia zdecydowanie wpłynęły na sposób, w jaki myślałam o energii, łącznie z najważniejszym zastosowaniem: uzdrawianiem świata. Przyszło mi do głowy, że rozłam społeczeństwa powiększa się, ponieważ go karmimy. Już od jakiegoś czasu karmimy wilka podziału. Teraz możemy zacząć karmić wilka zdrowia, pokoju i miłości. Doczytałeś tę książkę do tego miejsca, więc rozumiesz, że to prawdziwa przyczyna, dla której wykonujemy tę pracę: osiągnięcie stanu, w którym dzięki wyprostowaniu palca albo płynącemu z serca błogosławieństwu możemy być rozwiązaniem. Dopóki się nie uspokoimy, nie skupimy i nie zaczniemy świadomie podejmować decyzji o tym, co tworzymy, nasz piękny świat będzie coraz bardziej oddalać się od pokoju i jedności. Dzięki swoim umiejętnościom, a przede wszystkim dzięki oddaniu się widzeniu świata, prawdziwemu widzeniu go, dołączasz teraz do świadomej zmiany, do przywracania harmonii na tej planecie. Jesteś chodzącym błogosławieństwem. Niesiesz magię. Tak jak rolnik z workiem magicznego piasku, zmienisz swój świat.

Obyś poznał swoją moc i wartość.
Obyś objął świat troską swego serca.
Obyś poznał radość płynącą z życia
zgodnie z pragnieniem duszy.
Obyś kroczył w łasce i pokoju.

Dodatek A

PRZYKŁADY BŁOGOSŁAWIEŃSTW

Niech gwiazda, która cię prowadzi, będzie jasna i wyraźna.
Niech kieruje twoimi krokami.
Niech inspiruje twoje słowa.
Niech wypełnia twoje serce.

Obyś znalazł najmroczniejsze części swojego ja
i stawił im czoła.
Obyś znalazł spokój i siłę niezbędne
do przemienienia tych mrocznych części.
Obyś odkrył następny najlepszy krok na drodze ku życiu
zgodnie z prawdziwym celem duszy.
Obyś wiedział, że masz moc, aby zmieniać siebie i świat.

Niech magia twojego świata przeskakuje do twojego serca
niczym język ognia i pulsuje w twoich żyłach, sprawiając,
że będziesz cieszyć się tym, że żyjesz.

Obyś przeszedł przez ten czas z łatwością i łaską
jako chodzące błogosławieństwo dla całego świata.

Obyś odnajdował żywą radość w małych chwilach.
Oby twoje kroki wiodły cię ku cudom,
które zachwycą twe serce.

Obyś znalazł ośrodek serca w swoim życiu.
Niech twój umysł wypełniają piękne koncepcje
i niech słodycz twego serca z miłością je odżywia.

Obyś znalazł szczęście w byciu człowiekiem,
nawet wtedy, gdy nie jest to przyjemne.

Niech wiatr przynosi ci słowa mądrości.
Wdychaj je głęboko.
Niech dodają ci otuchy i cię prowadzą.
Niech twoje słowa dodają otuchy innym podróżnikom
i prowadzą ich w podróży do domu, w której
nawzajem sobie pomagamy.

Niech jesień owinie cię ciepłem ostatnich wspomnień lata
niczym uściskiem.
Niech jasna słodycz jesieni inspiruje twoją muzę
do żywego tańca.
Niech te nieopisanie piękne dni prowadzą cię łagodnie
i życzliwie ku zimie jak zaufany przyjaciel.

Niech odwiedzi cię Brigid, uzdrowicielka.
Niech zostanie uzdrowiona jakaś twoja niewielka rana,
a zasadnicza część ciebie – odzyskana.

Niech głęboka ciemność ziemi utuli twoją duszę.
Niech łagodne światło gwiazdy pokrzepi twojego ducha.
Niech miłość Boskości płynie przez twoje życie.
Obyś miał odwagę poznać swoją moc.
Obyś miał mądrość, żeby wiedzieć, jak jej używać.
Obyś miał serce, żeby wiedzieć, po co jej używać.

Dodatek B

SŁUŻBA STAREJ MATCE

Mówią, że jeżeli naprawdę chcemy się czegoś nauczyć, powinniśmy uczyć tego innych. Jeśli już od jakiegoś czasu coś robię albo praktykuję, nic tak nie zachęca mnie do uporządkowania myśli i ułożenia sobie wszystkiego równiuteńko w głowie, jak planowanie warsztatów albo pisanie książki. Mimo że często uważam, że mam solidne podstawy i pełny obraz, zwolnienie i upewnienie się, że wyjaśniam wszystko tak, by ludzie niesiedzący w mojej głowie byli w stanie to zrozumieć, ukazuje mi luki w moim własnym myśleniu i zmusza do dalszego badania tematu, dopracowania wszystkich koncepcji. Kolejne, co przydarza się nauczycielom i pisarzom podczas planowania zajęć i pisania, to poszerzenie wiedzy i doświadczenia w nieplanowany sposób.

Te informacje znajdują się w dodatku, ponieważ niezbyt wpisują się w zakres książki omawiającej podstawy dla początkujących, a jednak okazały się tak fascynujące, że naprawdę chcę się nimi z tobą podzielić. To nie są polecenia, tylko zwykłe informacje. Nie mogę przedstawić instrukcji, ponieważ w chwili powstawania rękopisu dopiero zanurzam palec u stopy w ogromnym, ciemnym oceanie. Nie miałam aż tak dużo czasu i nie zdobyłam wystarczającego doświadczenia, żeby osiągnąć na tyle zaawansowany poziom, by nauczać innych.

W grudniu 2016 i styczniu 2017 roku zdarzały mi się dni, gdy byłam z nieznanych mi powodów smutna. Nawet nie tyle smutna, co zrozpaczona, płaczliwa, z domieszką złości i frustracji. Nie działo się nic złego ani ze mną, ani z moim życiem i czułam, że to nie mój smutek. Miałam wrażenie, że go noszę czy trzymam. Przez kilka dni z nim walczyłam, ale później mu uległam i zaczęłam wyrażać uczucia łzami i tupaniem nogami, żałosnym zawodzeniem i dźwiękami pełnymi złości. Nie minęło zbyt dużo czasu i wszystko minęło, a ja poczułam się tak, jakby zdjęto ze mnie ciężki, mokry koc. Powinnam zaznaczyć, że akurat wyprowadzałam psa na spacer wokół jeziora znajdującego się w pobliżu naszego domu w mroku wczesnego, zimowego poranka.

Zrobiłam jeszcze kilka kroków po tym, jak zniknęło to wrażenie mokrego koca, kiedy naszło mnie jedno z tych zachwycających objawień, które przynoszą ze sobą radosną ulgę. Oczywiście, kiedy już pojawiło mi się w myślach, uznałam je za dość oczywiste. Ale czy nie tak w końcu działają objawienia?

Wspominałam już o szkoleniu do rytuału przesilenia zimowego, na którym nauczyłam się błogosławić.

Szkolenie i rytuał miały jeszcze jeden aspekt, o którym nie pisałam, a który wywarł na mnie jeszcze potężniejszy wpływ niż błogosławienie – a teraz już wiesz, jakimi uczuciami mnie ono wypełnia. W mitologii stworzonej przez moją nauczycielkę występuje Stara Matka (Old Bone Mother), istota, która przemierza świat, kiedy zbliża się przesilenie. Można ją usłyszeć w szeleście jesiennych liści. Zbiera wszystko, co stare, a czego ludzie już nie potrzebują – zastałe emocje, ograniczające koncepcje oraz destrukcyjne praktyki – i zabiera to ze sobą do domu. Przez całą noc przesilenia siedzi i dzierga z zebranych śmieci nowe rzeczy, które odda światłu, kiedy powróci światło.

Pierwsza połowa rytuału była poświęcona Starej Matce, opowiadaniu jej historii, a następnie odgrywaniu jej. Podczas rytuału ludzie mieli możliwość wejścia w interakcję ze Starą Matką i oddania jej tego, czego już nie potrzebowali. Trochę to trwało, ponieważ w każdym rytuale uczestniczyło ponad sto osób (a powtarzaliśmy go przez trzy noce). Podczas tej części wraz z innymi uczniami siedzieliśmy na scenie, odziani w czarne sukna, i przez cały czas wydawaliśmy z siebie żałobny lament, tworząc przejmującą, głęboką ścianę dźwięku. To było bardzo dziwne i silne doznanie. Naprawdę miałam wrażenie, że służymy jakiejś bogini albo potężnemu duchowi. Najsmutniejsze było to, że założyłam, iż nigdy nie będę mogła zrobić tego ponownie, jeżeli nie będę co roku brać udziału w tym szkoleniu (tylko tak można być częścią rytuału), a to nie będzie wykonalne, ponieważ pochłania mnóstwo czasu.

Mój błąd polegał na przeświadczeniu, że to forma pracy się liczy: oprawa rytuału, pora roku, śpiewanie z innymi. Za formą jednak kryje się prawdziwa praca, a ona – jak w przypadku błogosławienia czy oczyszczania – może przybierać mnóstwo form. Pokazano mi, jak wykonać pracę Starej Matki w dowolnej chwili i na różne sposoby. Smutek, który mnie ogarnął, nie był mój. Była to energia zbiorowa, nieodpowiednia w tym czasie albo dlatego, że potrzebna była nadzieja, a nie smutek, albo dlatego, że po prostu było za dużo smutku… Ponieważ dopiero po fakcie zdałam sobie sprawę, co się działo, nie jestem do końca pewna, jak było naprawdę.

Praca ta przypomniała mi o innych praktykach, o których słyszałam, jak modlitwa wstawiennicza albo zjadanie grzechów. Żadna z nich nie jest dokładnie tym samym, ale ogólne założenie jest takie, że ktoś przejmuje jakieś doświadczenie w miejsce innej osoby. Jestem pewna, że istnieją na świecie ludzie, którzy, kiedy wystąpi nadmiar energii zbiorowej, przyjmują ją w siebie, odczuwają ją, doznają jej i oddają się jej. W ten sposób zbierają ją i wysyłają z powrotem do ziemi, gdzie zostanie przekazana zgodnie z potrzebą. Wydaje mi się logiczne, że człowiek, który oddaje się praktyce błogosławienia, przechodzi do pracy tego rodzaju. To praca oczyszczająca, a jak wiesz, trzeba oczyścić energię, stworzyć przestrzeń, zanim będzie można pielęgnować inny rodzaj energii.

Jak już pisałam, znajduję się dopiero na początku tej podróży, więc nie mogę o niej zbyt wiele więcej napisać, ponieważ pozostaje dla mnie tajemnicą. Jeżeli poczujesz się przyciągany w tym kierunku, z chęcią wysłucham twojej opowieści i może nauczymy się czegoś od siebie nawzajem.

Chociaż nie mogę cię za bardzo poinstruować, napiszę następujące słowa: jeżeli będziesz wykonywać tę pracę, upewnij się, że ochraniasz się energetycznie. Możesz przyciągać do siebie bardzo „niecodzienną" energię. Oczyszczaj, zabezpieczaj, pielęgnuj. Wykorzystuj te techniki ochronne, które sprawdzają się u ciebie. Kiedy ja pracuję z nieznanymi sobie energiami, wykorzystuję usuwanie sznurów, wizualizowanie oczyszczającego światła, a następnie ognia oraz trzymanie kryształu tygrysie oko. Nie omawialiśmy w tej książce przeobrażania energii, częściowo dlatego, że to nie jest materiał dla początkujących, a częściowo dlatego, że sama nie rozumiem dokładnie tego rodzaju pracy i nie mam z nim doświadczenia – poza oddawaniem energii ziemi. Przekonałam się jednak, że używanie dźwięku ułatwia ten proces – to przyjmowanie energii, odczuwanie jej i uwalnianie. Może dlatego, że z tym rodzajem pracy czuję się najbardziej niekomfortowo, a może z innego powodu, ale najtrafniejsze wydaje mi się wydawanie dziwnych odgłosów: lamentu, zawodzenia, łkania. Najważniejsze dla mnie jest zidentyfikowanie, poczucie/uhonorowanie i uwolnienie, ponieważ ta energia jest niezmiernie przytłaczająca i wyraźnie nie „moja".

Wykonywanie tej pracy to dla mnie zaszczyt, ale równocześnie nie chcę trzymać tej energii dłużej niż to konieczne. Jeżeli nie potrafisz znaleźć sposobu na jej uwolnienie, poproś swoją koncepcję Boskości, wyższe ja albo wszechświat o zabranie jej od ciebie, po czym usuń sznury i/albo zwizualizuj oczyszczanie czakr wodą. Nie możesz dbać o świat, jeżeli nie dbasz o siebie.

BIBLIOGRAFIA

Książki

Bell R., *Love Wins: A Book About Heaven, Hell, and the Fate of Every Person Who Ever Lived*. New York: Harper Collins, 2011.

What We Talk About When We Talk About God. New York: Harper Collins, 2013.

Brennan B.A., *Dłonie pełne światła*, tłum. M. Wawrzyńczak, Warszawa: Amber, 2006.

Campbell J., Moyers B., *Potęga mitu*, tłum. I. Kania, Kraków: Znak, 2013.

Chauran A., *Czy rzucono na ciebie klątwę? Rozpoznawanie i zdejmowanie złych uroków*, tłum. M. Lorenc, Białystok: Illuminatio, 2013.

Cunningham S., Harrington D., *Magia domowa. Zaklęcia i rytuały dla czterech kątów*, tłum. Ł. Głowacki, Białystok: Illuminatio, 2012.

Faivre A., *The Eternal Hermes: From Greek God to Alchemical Magus*, trans. J. Godwin. Grand Rapids, MI: Phanes Press, 1995.

Gilbert E., *Wielka magia. Odważ się żyć kreatywnie*, tłum. B. Jóźwiak, Poznań: Rebis, 2015.

Harpur P., *The Philosopher's Secret Fire: A History of the Imagination*. Chicago, IL: Ivan R. Dee Press, 2002.

Hyde L., *Trickster Makes the World: Mischief, Myth, and Art*. New York: Farrer, Straus, and Giroux, 2010.

Linn D., *Sacred Space: Clearing and Enhancing the Energy of Your Home*. New York: Random House, 1995.

Meyer J., *Drumming the Soul Awake*. Minneapolis, MN: Jaime Meyer, 2008.

Mickaharic D., *Spiritual Cleansing: A Handbook of Psychic Protection*. San Francisco, CA: Weiser Books, 1982/2012.

Moore T., *A Religion of One's Own: A Guide to Creating a Personal Spirituality in a Secular World*. New York: Gotham Books, 2014.

O'Donohue J., *Eternal Echoes: Celtic Reflections on Our Yearning to Belong*. New York: Perennial, 1999. *To Bless the Space Between Us: A Book of Blessings*. New York: Doubleday, 2008.

Penczak Ch., *The Inner Temple of Witchcraft: Magick, Meditation, and Psychic Development*. Woodbury, MN: Llewellyn, 2002.

The Outer Temple of Witchcraft: Circles, Spells, and Rituals. Woodbury, MN: Llewellyn, 2004.

The Temple of Shamanic Witchcraft: Shadows, Spirits, and the Healing Journey. Woodbury, MN: Llewellyn, 2005.

Salisbury D., *A Mystic Guide to Cleansing and Clearing*. Winchester, UK: Moon Books, 2016.

Whitehurst T., *Magiczny dom. Praktyczne wskazówki, jak oczyścić mieszkanie i odnaleźć harmonię*, Białystok: Studio Astropsychologii, 2011.

Podcasty (wszystkie dostępne na iTunes)

Good Life Project
Harry Potter and the Sacred Text
Hidden Brain
Invisibilia
Magic Lessons with Elizabeth Gilbert
The Minimalists Podcast
Myths and Legends Podcast
On Being
The Robcast
Why Shamanism Now

Newslettery

Brain Pickings (www.brainpickings.org)
James Clear (www.jamesclear.com)

O autorce

Barbara Moore to pisarka, nauczycielka i uczennica cudów i magii, a zwłaszcza niewidzialnych energii, które przepływają przez wszystko, co istnieje. Eksperymentowała z magią i pracą z energią na długie lata przed odkryciem konkretnych ścieżek i praktyk. Jednocześnie studia nad tarotem i szamanizmem poszerzyły, ukształtowały i utrwaliły jej przekonania na temat pracy energetycznej. Te poszukiwania zaowocowały popłynięciem przez nią przez świat i rozumieniem go na podstawie doświadczenia praktycznego.

Poznaj Barbarę dzięki jej stronie internetowej:
www.tarotshaman.com.

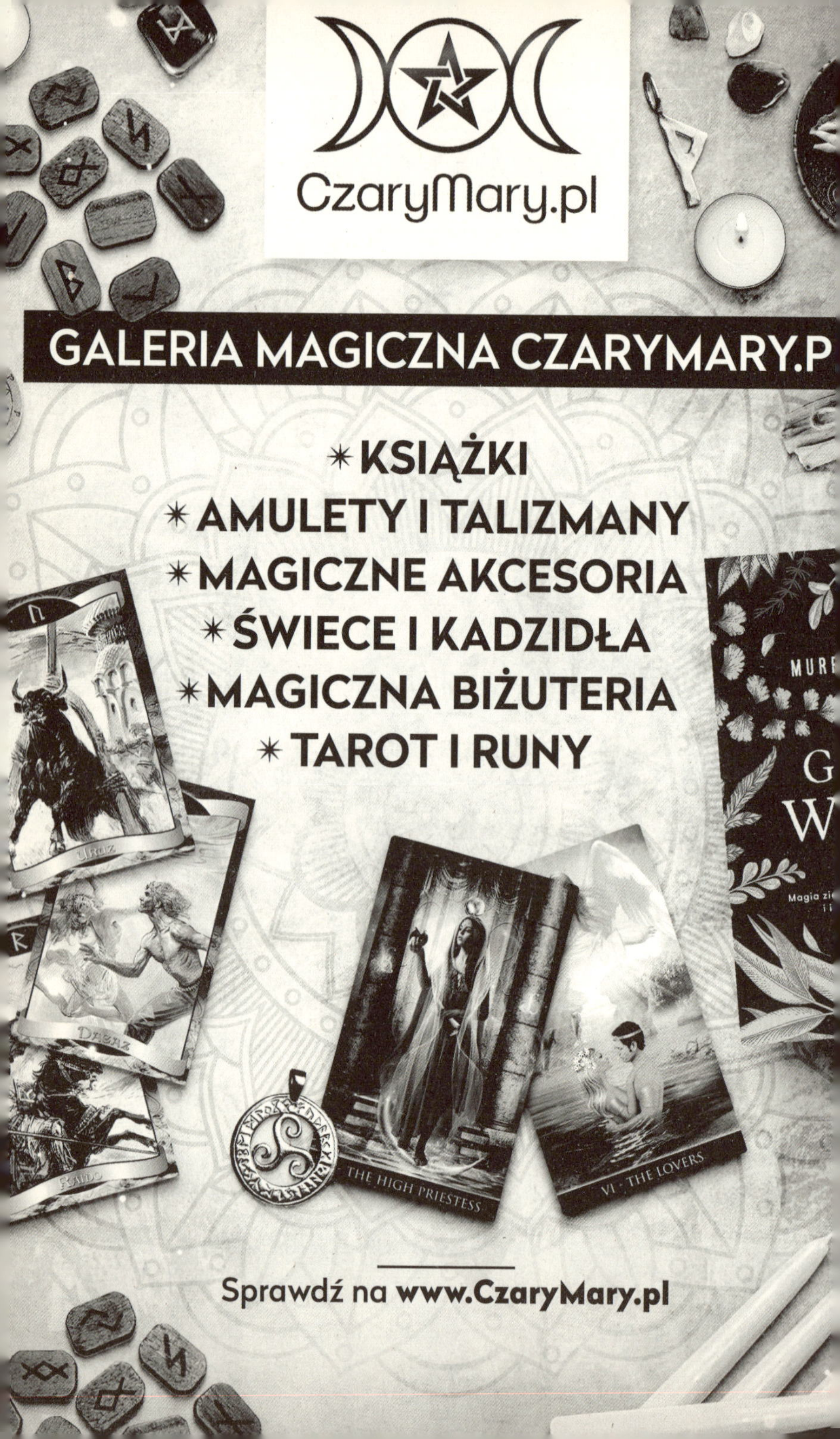

CzaryMary.pl
GALERIA MAGICZNA CZARYMARY.P
* KSIĄŻKI
* AMULETY I TALIZMANY
* MAGICZNE AKCESORIA
* ŚWIECE I KADZIDŁA
* MAGICZNA BIŻUTERIA
* TAROT I RUNY
URUZ
DAGAZ
RAIDO
THE HIGH PRIESTESS
VI · THE LOVERS
Sprawdź na www.CzaryMary.pl